lonely planet Kids

Komm mit NACH NEW YORK

Moira Butterfield

Hi … wir sind Amelia und Marco und wir schlagen dir 19 geniale Touren vor.

Die Sticker auf dem Stadtplan markieren die Ausgangspunkte. Wir garantieren dir, dass du auf jeder Tour ein paar spannende Geheimnisse und coole Fakten der Stadt kennenlernst.

Damit du dich leichter in den New Yorker Stadtbezirken zurechtfindest, schau dir erst mal folgende Karte an. Egal, ob du die Stadt von Manhattan nach Brooklyn oder von Queens in die Bronx erkundest, verlaufen wirst du dich bestimmt nicht.

INHALT

SEITENZAHL

STRASSENLEBEN

Mit einem Straßennetz von mehr als 10 200 km ist es eigentlich ziemlich sicher, dass man sich in New York hoffnungslos verläuft. Aber nein, es ist überraschend einfach, sich hier zurechtzufinden. Mach dich einfach auf den Weg!

MILLIARDEN-GLOCKE

WALL STREET

Wall Street heißt die Straße im Finanzbezirk von Manhattan, in der die New Yorker Börse ihren Sitz hat. Sie ist das Hi-Tech-Zentrum dieser Mega-Geldmaschinerie, in dem jeden Tag Aktien im Wert von Milliarden Dollar gehandelt werden. Dafür benötigt man leistungsstarke Computer, am wichtigsten ist aber eine einfache Glocke, mit der tagtäglich der Handel eröffnet und geschlossen wird. Promis wetteifern um die Ehre, auf den Knopf schlagen zu dürfen, der das Läuten der Glocke auslöst.

DU KANNST DRAUF ZÄHLEN

STRASSENGITTER

Um sich in Manhattans grandiosem Straßengittersystem zurechtzufinden, braucht niemand ein Navi! Der großartige Masterplan dafür stammt von 1811. Damals waren Straßen meist nur Schotterwege, die geordnet werden mussten. Die Senatoren entschieden sich für das Gittersystem, denn so konnten am meisten Gebäude untergebracht werden.

AVENUES VERLAUFEN VON NORD NACH SÜD, STREETS VON OST NACH WEST. AN DER ECKE FIRST STREET UND FIRST AVENUE BEGINNEN DIE HAUSNUMMERN UND WERDEN NACH WESTEN UND NORDEN IMMER HÖHER. IN QUEENS IST ALLES ANDERSRUM.

PROMI-GEDRÄNGE

751/2 BEDFORD STREET

Hier in Greenwich Village steht New Yorks schmalstes Haus. Obwohl es nur 2,90 m breit ist, wohnten dort berühmte Filmstars und Schrifsteller. Heute ist das Haus ein Vermögen wert. 2022 stand es für 4,19 Mio. US$ zum Verkauf. Der Käufer braucht also ein dickes Portemonnaie – und bekommt für sein Geld ein neues Zuhause, das diese Eigenschaft gerade nicht hat.

BEDFORD STREET

NIKOLA TESLA CORNER

GENIALER VOGELMANN

NIKOLA TESLA CORNER

Nikola Tesla ist der Entdecker der Radiowellen. Er arbeitete größtenteils in einem Hotel in der Nähe des nach ihm benannten Corner. Obwohl er sich seine Radio-Erfindung patentieren ließ, profitierten andere von seiner Arbeit und wurden berühmt. Der arme, alte Nikola jedoch starb ohne einen Cent in der Tasche und von allen vergessen. Die in der Gegend lebenden Tauben liebten ihn. Er fütterte sie im Bryant Park. Diese Ecke wurde nach ihm benannt, denn dort kümmerte er sich um seine geliebten Vögel. Lieber Nikola, wenn wir an dieser Straßenecke vorbeikommen, denken wir an dich!

EIN ORT DES FRIEDENS

UNITED NATIONS HEADQUARTERS

405 East 42nd Street ist genaugenommen nicht Teil der USA und schon gar nicht von New York. Es ist die Adresse des Hauptsitzes der Vereinten Nationen (UN) und gilt als internationales Territorium. Draußen wehen die Flaggen aller UN-Mitgliedsländer in alphabetischer Reihenfolge. In dem Gebäude hat die UN eine eigene Feuerwache, ein Polizeirevier und ein Postamt – mit eigenen Briefmarken!

DAS UN-GEBÄUDE HAT EINEN MAGISCHEN, VERBORGENEN ROSENGARTEN MIT EIGENER PAGODE, DIE DEN WELTFRIEDEN SYMBOLISIEREN SOLL.

UNITED NATIONS HQ

6½ AVENUE

AUTOFREI

6½ AVENUE

New York hat eine Straße ganz ohne Verkehrsstaus und Gehupe, denn hier gibt es gar keine Autos. Die 6½ Avenue ist eine Fußgängerstraße in Manhattan, die durch eine Reihe von Häuserblocks, Parks und Plätzen von der West 57th Street bis zur West 51st Street verläuft. Das sind immerhin rund 400 Meter ohne Autoverkehr.

STEINWOHNUNG

COLUMBUS CIRCLE

Columbus Circle markiert das offizielle Zentrum von New York. Rund um den Platz sind Springbrunnen angeordnet und in der Mitte steht die Statue des Entdeckers Christoph Kolumbus. 2012 gestaltete der Künstler Tatzu Nishi ein Wohnzimmer rund um Kolumbus und richtete es mit all seinen Möbeln und sogar einem Flachbild-TV ein. Eine Zeitlang konnte jeder die Treppe hinaufgehen und sich die pseudokünstlerische Wohnung der Statue anschauen.

Suche: CHRISTOPH KOLUMBUS

EINE NEUE WELT?

Kolumbus war ein Entdecker. 1492 segelte er auf der Suche nach neuen Handelsrouten von Spanien über den Atlantik. Er war eigentlich auf dem Weg in den Fernen Osten. Stattdessen ging er in Amerika an Land – ein Kontinent, der den Europäern damals noch völlig unbekannt war.

COLUMBUS CIRCLE

STICKBALL BOULEVARD

STICKBALL-STRASSE

STICKBALL BOULEVARD, BRONX

Stickball ist ein Spiel, das Kids spielen, die weder eine Baseball-Ausrüstung noch ein entsprechendes Spielfeld zur Verfügung haben. Sie improvisieren mit einem Besenstiel, einem Gummiball und was sie sonst benutzen könnten, so auch Gullydeckel, Hydranten, Autos und sogar kleine Brüder! Der Stickball Boulevard in der Bronx verdankt seinen Namen diesem Spiel. Jetzt gibt es außerdem eine offizielle New York Stickball League und ein alljährlich stattfindendes Turnier. An den Wochenenden sind die Straßen einiger Blocks für den Autoverkehr gesperrt, sodass Stickball-Mannschaften dort spielen können.

WOLKENKRATZER IM VORBEIFLUG

Der grandiose Flug vorbei an den Wolkenkratzern der Stadt ist ein Gruß an Elisha Otis, der eigentlich einer der größten Helden NYs sein müsste. Warum? Weil er 1853 den ersten Aufzug mit Bremse konstruiert hat. Ohne ihn müssten die New Yorker VIELE Treppen hinaufsteigen.

QUEENS MUSEUM OF ART

MINIATURSTADT

QUEENS MUSEUM OF ART

Wer nicht ganz schwindelfrei ist, kann sich im Queens Museum of Art NYC aus der Vogelperspektive anschauen. Das dortige Empire State Building ist nur 38 cm hoch und die Freiheitsstatue ist nicht größer als ein Daumen. Das Panorama der Stadt besteht aus Mini-Modellen der 895 000 New Yorker Gebäude, der 100 Brücken und sogar von winzigen an Drähten hängenden Flugzeugen, die am LaGuardia Airport starten und landen.

START

432 PARK AVE.

HOCH SCHLAFEN

432 PARK AVE.

Lange Zeit hatte dieser 96-stöckige Turm New Yorks höchstes Hausdach mit einer Höhe von 425,5 m. Das Design eines der höchsten Wohnhäuser der Welt soll an die Form eines Mülleimers erinnern. Die Luxusapartments darin sind aber alles andere als Müll. Das Penthouse im obersten Stock mit seinen sechs Zimmern und sieben Bädern wurde 2014 für sage und schreibe 95 Mio. US$ verkauft.

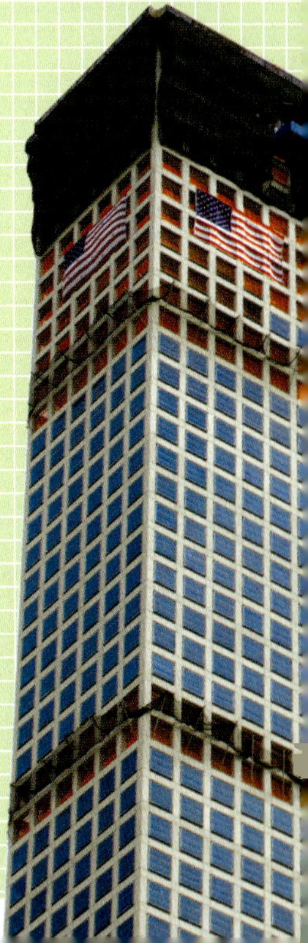

601 LEXINGTON

ROCKEFELLER CENTER

MÄCHTIGE PFEILER

601 LEXINGTON

Die neun untersten Stockwerke des Gebäudes 601 Lexington bestehen aus vier massiven Pfeilern. Es wurde so entworfen, weil unterhalb des Gebäudes eine Kirche geplant war. Das Problem bestand aber darin, dass die Position der Pfeiler den Wolkenkratzer sehr anfällig für starken Höhenwind machte. Nachdem man diese Gefahr erkannt hatte, musste schnell etwas geschehen, denn Hurrikan Ella war schon auf dem Weg in Richtung New York! Glücklicherweise erreichte Ella die Küste nicht, sodass der Turm gerettet wurde und jetzt ultrasicher ist.

DAS IST MAL RICHTIG HOCH

TOP OF THE ROCK, ROCKEFELLER CENTER

Das berühmte Foto *Lunch Atop a Skyscraper*, das Arbeiter beim Mittagessen auf einem superhohen Stahlträger sitzend zeigt, wurde 1932 während des Baus des Rockefeller Center aufgenommen. Das Gebäude bietet noch immer einen grandiosen Blick auf die Stadt. Wenn du Lust hast, kannst du in den 70. Stock fahren und 260 m über der Straße eine New-York-Erfahrung der Vogelflug-Art machen.

DIE ERSTEN WOLKENKRATZER HATTEN 10 BIS 20 STOCKWERKE. HEUTE MUSS EIN WOLKENKRATZER SCHON ÜBER 40 ETAGEN HABEN, UM DIESEN NAMEN ZU VERDIENEN.

DIE SPITZE ENTSCHIED

CHRYSLER BUILDING

Ende der 1920er-Jahre wurde der Kampf um das höchste Gebäude der Welt immer heißer, und die Architekten des Chrysler Building und des Gebäudes 40 Wall Street lieferten sich ein wahres Kopf-an-Kopf-Rennen. 40 Wall Street wurde höher, aber das Chrysler Building hatte eine Geheimwaffe – eine 38 m lange Spitze, die im Turm zusammengebaut wurde. Als sie schließlich obendrauf gesetzt wurde, war das Chrysler Building der Sieger.

FARBIGE BELEUCHTUNG

EMPIRE STATE BUILDING

Kaum ein Jahr nach seiner Eröffnung wurde das Chrysler Building vom Empire State Building übertrumpft, das dann für über 40 Jahre das höchste Gebäude der Welt blieb. An bestimmten Tagen, z. B. Weihnachten, ändern die Lichter, die nachts an den obersten 30 Stockwerken erstrahlen, ihre Farbe. Wenn du Lust hast, kannst du an dem alljährlich stattfindenden Rennen nach oben teilnehmen. Es sind ja nur 1 576 Stufen bis zum 86. Stockwerk.

HIMMELHOHES TORTENSTÜCK

FLATIRON BUILDING

Mit 22 Stockwerken war das keilförmige Flatiron nie das höchste Gebäude der Stadt, bald aber eines der beliebtesten. Die öffentliche Meinung war nicht immer positiv. Die *New York Tribune* nannte das Gebäude einst „Kleines Kuchenstück“, und die Einheimischen schlossen Wetten ab, wie weit die Trümmer bei einem Sturm wohl fliegen würden! Das Gebäude hielt aber allen Stürmen stand – allerdings lassen Abwinde die Röcke der unten shoppenden Damen in die Höhe fliegen! Das Flatiron misst an seinem schmalen Ende weniger als 2 m.

WIE EINE KATHEDRALE

WOOLWORTH BUILDING

Das höchste Gebäude der Welt ist das Woolworth Building schon lange nicht mehr, aber die an eine Kathedrale erinnernde Halle ist noch immer eine der spektakulärsten. Salamander schmücken das Innere, sie stehen für die feuerfeste Konstruktion des Gebäudes (früher hieß es, dass Salamander Brände überleben würden). In den Ecken stehen Statuen der am Bau des Gebäudes Beteiligten, sie halten jede einen Beweis dafür in den Händen: Der Eigentümer Frank Woolworth ein Geldstück, der Architekt Cass Gilbert ein Modell des Gebäudes und der Bauherr Louis Horowitz ein altmodisches Telefon.

FREEDOM TOWER

ONE WORLD TRADE CENTER

ONE WORLD TRADE CENTER

Das One World Trade Center ist mit 541 m New Yorks höchstes Gebäude. In Fuß umgerechnet sind das 1776 ft. – eine Anspielung auf das Jahr 1776, in dem die US-amerikanische Unabhängigkeitserklärung unterzeichnet wurde. Der Turm trägt den Spitznamen „Freedom Tower“ und wurde im November 2014, 13 Jahre nach der Zerstörung der Twin Towers des World Trade Centers, eröffnet.

541 M HOCH

RUNDHERUM UND DARUNTER

Besucher des Observatoriums können sowohl nach unten als auch rundherum blicken. Die Straße unten kann man durch das Sky Portal „betrachten“, das Videoaufnahmen von der Straße in Echtzeit zeigt.

SUPERSCHNELLE FAHRT

73 Aufzüge bringen die Menschen nach oben. Fünf davon sind Express-Aufzüge. Sie rasen mit einer Spitzengeschwindigkeit von 37 km/h in weniger als einer Minute vom Erdgeschoss zum Aussichtsdeck im 102. Stockwerk.

NÄCHTLICHE MASSARBEIT

UM AUF DEN STRASSEN NEW YORKS EIN VERKEHRSCHAOS ZU VERMEIDEN, MUSSTEN DIE GIGANTISCHEN TEILE FÜR DIE SPITZE AUF EXTRABREITEN LASTWAGEN MITTEN IN DER

DAS HÖCHSTE GEBÄUDE AUF DER WESTLICHEN HALBKUGEL UND DAS SECHSTHÖCHSTE

ERINNERUNG AN 9/11

Das One World Trade Center blickt auf die beiden Becken des National September 11 Memorial. Sie befinden sich dort, wo einst die Twin Towers standen. Die Namen der Menschen, die hier bei den Terroranschlägen des 11. September 2001 starben, sind auf Bronzetafeln eingraviert. Das in der Nähe gelegene 9/11 Museum beherbergt Bilder und Gegenstände aus den Türmen.

22500

AUTOS KÖNNTEN AUS DEM HIER VERARBEITETEN STAHL HERGESTELLT WERDEN.

13000

GLASSCHEIBEN BEFINDEN SICH AUSSEN **AN DEM GEBÄUDE.**

Suche: FREEDOM TOWER

BETON-WAHNSINN

Man hat ausgerechnet, dass der Freedom Tower aus so viel Beton besteht, wie man brauchen würde, um einen Gehweg von New York nach Chicago zu planieren.

GEHEIME STADT

Folge dieser geheimnisumwobenen Tour auf Zehenspitzen, wenn du New Yorks verborgene Welt entdecken willst: gespenstische Tunnel, Wälder auf Dächern und Bankgewölbe voller Gold. Hier haben Schmuggler einst ihre Beute versteckt, hier trieben Gangster ihr Unwesen und auch alte Knochen sind hier zu finden!

GRAND CENTRAL TERMINAL

START

INDIAN CAVES

FLÜSTERTECHNIK

WHISPERING GALLERY, GRAND CENTRAL TERMINAL

Geheimnisse zu flüstern ist im Grand Central Terminal ein beliebtes Spiel. Auf dem Weg in die untere Halle gibt es einen besonderen Bereich mit Bogen. Dort kannst du Mitteilungen in die Wand flüstern, die dann derjenige hören kann, der an der Wand schräg gegenüber steht und lauscht – und das über eine Entfernung von 10 m! Für die New Yorker ist das die Whispering Gallery. Wie das geht? Der Klang wird durch Reflexion über die Steinwände und -decken weitergeleitet.

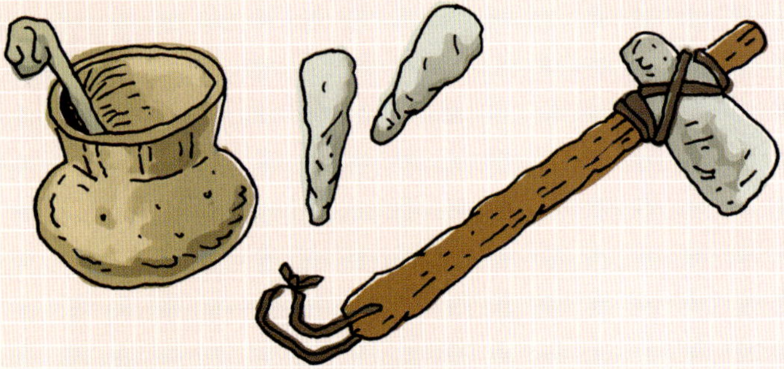

ALTER LAGERPLATZ

INDIANERHÖHLEN

Jahrhundertelang wurden die Höhlen im Inwood Hill Park vom Stamm der Lenape als Siedlungsort benutzt. In den 1640er-Jahren wurde der Stamm vertrieben, zurück blieben Töpferwaren, Werkzeuge, Waffen und polierte Steinbeilköpfe. Diese Gegenstände werden jetzt in der New Yorker Zweigstelle des National Museum of the American Indian sicher aufbewahrt.

BÜROS MITTEN IM WALD

FORD FOUNDATION GREENHOUSE

In einem Bürogebäude in der East 43rd Street gibt's riesige Bäume, Büsche und dampfende Becken – einen Mini-Regenwald! Die Konstruktion aus Glas und Stahl funktioniert wie ein riesiges Gewächshaus. Auf dem Dach wird Regenwasser gesammelt, das zur Bewässerung der Pflanzen benutzt wird und für feuchtes Klima sorgt.

DAS FORD FOUNDATION GREENHOUSE IST 53 M HOCH!

BLOODY ANGLE

FLUCHTWEG FÜR GANGSTER

„BLOODY ANGLE"

Im frühen 20. Jahrhundert hieß die Doyers Street in Chinatown „Bloody Angle", denn durch ihre Kurven und Ecken konnten sich rivalisierende Banden unbemerkt anschleichen. Es gab Straßenkämpfe und Morde, ein Tunnelnetz half den Gangstern zu fliehen. Heute ist der letzte noch vorhandene Tunnel von Geschäften, Büros und Bars gesäumt.

DAMPF IN DER STADT

DAMPFENDE TUNNEL

Nachts steigen in New York manchmal Dampfschwaden aus Gullys und Rohröffnungsschlitzen auf und sorgen für gespenstische Szenen. Der Dampf kommt aus einem unterirdischen Labyrinth von Rohren, die von Kraftwerken zu etwa 2 000 Gebäuden führen. So wird beispielsweise dafür gesorgt, dass Häuser beheizt und gekühlt und Krankenhausgerätschaften sterilisiert werden können. Sicherheitsventile und undichte Stellen erzeugen die Dampfschwaden.

ÜBERALL IN MANHATTAN

Suche: GOLDBARREN

REINES GOLD

Goldbarren bestehen nicht aus reinem Gold. Da Gold zu weich ist, würden die Barren ihre Form verlieren. Jeder Barren enthält eine kleine Menge eines anderen Metalls wie Eisen, Silber oder Platin. Dadurch werden die Barren hart genug und können viele, viele Jahre lang gelagert werden.

FEDERAL RESERVE BANK

UNTERIRDISCHES GOLD

FEDERAL RESERVE BANK

Diese Bank in Manhattan ist der Wächter aller Schätze. Das größte Goldbarrenlager der Welt versteckt sich hinter dicken Stahlwänden in einem Gewölbe 24,3 m tief unter der Straße. Dort sollen sich ca. 500 000 Barren befinden. Sie sind so schwer, dass sie auf einem festen Felsboden unter Manhattan gelagert werden müssen. Das Gold gehört den verschiedenen Staaten rund um den Globus und ist viele Milliarden Dollar wert.

AUS SICHERHEITSGRÜNDEN MÜSSEN IMMER DREI BEAMTE ANWESEND SEIN, WENN EIN FACH IN DEM GEWÖLBE GEÖFFNET WIRD – AUCH WENN ES NUR DARUM GEHT, EINE GLÜHBIRNE AUSZUWECHSELN!

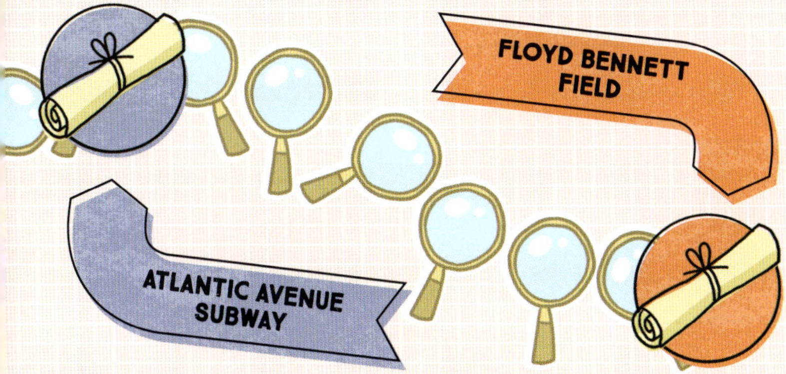

SCHMUGGLER-U-BAHN

ATLANTIC AVENUE SUBWAY

Der Atlantic-Avenue-Tunnel stammt aus dem Jahr 1844. Er ist der älteste U-Bahn-Tunnel der Welt. Er wurde für die ersten Dampfzüge gebaut, die nicht durch die Stadt fahren sollten, weil sie schlechte Bremsen hatten und ab und zu laute Pfeifsignale abgaben. Der Tunnel wurde in den 1860er-Jahren für Züge geschlossen, es heißt aber, dass Schmuggler ihn als Versteck für ihre gestohlene Beute benutzten. Es wird sogar gemunkelt, dass jemand hier unten einst die Leiche eines Gangsters versteckt hat.

DER ATLANTIC-AVENUE-TUNNEL GERIET NACH DEM ZWEITEN WELTKRIEG IN VERGESSENHEIT, NACHDEM DIE BEHÖRDEN IHN NACH SPIONEN DURCHSUCHT HATTEN. ER WURDE ERST 1981 WIEDERENTDECKT.

PUPPENSPIELERGOLD

FLOYD BENNETT FIELD

2009 vergrub eine Gruppe von Puppenspielern an einem geheimen Ort einen Schatz von 10 000 US$. In mehreren Videos mit einer Piratenpuppe und Papagei gaben sie Tipps für die Suche. In der ganzen Stadt forschten die Menschen fast drei Jahre lang – ohne Erfolg. 2012 gruben die Künstler den Schatz dann wieder aus (in den Wäldern beim Floyd Bennett Field) und stifteten ihn für wohltätige Zwecke.

GRÜNES NEW YORK

OK, New York ist eine der größten Städte der Welt, aber das heißt nicht, dass es hier nur Hochhäuser und überfüllte Straßen gibt. Hier und da verstecken sich auch unbezahlbare Grünflächen – perfekt zum Relaxen für gestresste Großstädter. Schnapp dir einfach einen Picknick-Korb und mach dich auf den Weg …

START

QUEENS COUNTY FARM MUSEUM

AUF DEM BAUERNHOF

QUEENS COUNTY FARM MUSEUM

Diesen erstaunlichen Bauernhof gibt es schon seit 1697. Damals war ein Großteil der Stadt, so wie du sie heute erlebst, noch ländliche Gegend. Seit über 300 Jahren wird hier Landwirtschaft betrieben – rundherum wuchs allmählich die wuselige Stadt. Jetzt leben hier Schweine, Schafe, Hühner, Honigbienen und Ziegen Seite an Seite mit ein paar niedlichen Dexter-Rindern. Sie gehören zu den kleinsten Rindern der Welt und werden nur rund 1 m groß.

BLÜTEN UND BONSAIS

BROOKLYN BOTANIC GARDEN

Die beliebte Grünanlage in Brooklyn muss man einfach gesehen haben, vor allem im Frühjahr, wenn die über 200 Kirschbäume rosa blühen und verkünden, dass der eisige New Yorker Winter vorbei ist. In dem Garten gibt es auch eine der weltweit besten Mini-Bonsai-Sammlungen. Einige der Bäumchen sind über 300 Jahre alt. Die ältesten Bonsai-Exemplare haben jeweils einen Wert von über einer 1 Mio. US$ – die winzigen Bäume sind also wahre Schätze!

BROOKLYN BOTANIC GARDEN

VORSICHT FELSEN

NY CHINESE SCHOLAR'S GARDEN, SAILORS' SNUG HARBOR

Dieser Garten wurde von 40 Künstlern und Gärtnern aus China angelegt, die bei der Gestaltung die besten chinesischen Gärten der Geschichte vor Augen hatten. Der Steingarten symbolisiert die Berge, die einst chinesische Dichter und Künstler inspirierten. Besucher können die „Scholar's Rocks" untersuchen. Das sind Naturfelsen mit interessanten Formen und Farben. Du kannst dich draufsetzen und alles genau studieren.

EINIGE DER SCHOLAR'S ROCKS SEHEN AUS WIE TIERE, VÖGEL, MENSCHEN ODER FABELTIERE. ANDERE WERDEN BEWUNDERT, WEIL SIE HÖHLEN ODER BERGGIPFELN ÄHNLICH SEHEN.

NUR EIN PAAR SAMEN

LIZ CHRISTY COMMUNITY GARDEN

1973 begann die Umweltgruppe Green Guerillas, „Samenbomben" (Pakete mit Samen und Dünger) über Zäune auf unbebaute Grundstücke in Manhattans Lower East Side zu werfen. Die Pflanzen sprossen schnell und es entstand eine grüne Oase – der erste städtische Gemeinschaftsgarten war geboren. Der Garten ist nach Liz Christy benannt, eine der Frauen, die dabei halfen, alles zum Blühen zu bringen.

KOSTENLOSER WALD

NEW YORK EARTH ROOM, 141 WOOSTER STREET

1977 kippte der Künstler Walter De Maria eine fast 56 cm dicke Schicht mit Erde auf den Fußboden einer großen Wohnung in SoHo – eine erdige Kunstinstallation. Jeder kann sich das anschauen, ganz ohne Eintritt bezahlen zu müssen. Alle die dort waren, sagen anschließend, dass es ein überraschend ruhiger und friedlicher Ort ist. Der New York Earth Room sieht aus wie ein dicker Teppich. Du darfst ihn nicht berühren, aber du kannst ihn riechen. Da die Erde feucht gehalten wird, duftet sie wie ein Waldboden. Ein Vollzeitpfleger harkt und bewässert den Boden, und er darf die Pilze essen, die manchmal dort wachsen!

WOOSTER STREET

GRAMERCY PARK

Suche: FAKTEN ÜBER PARKS IN NY

1700

Die Stadt bietet mehr als 1 700 Parks und Plätze zum Spielen.

14 %

14 Prozent New Yorks sind Grünflächen.

PELHAM BAY PARK

NYs größter Park mit 11,2 km²
liegt in der Bronx.

NUR MIT SCHLÜSSEL

GRAMERCY PARK

NYC hat immer noch einen privaten Park. Es gibt ihn seit 1831. Nur die Bewohner der umliegenden Häuser dürfen hinein, und sie müssen für den wertvollen Torschlüssel bezahlen. Hier ist vieles verboten, z. B. Gassigehen mit Hunden, Frisbee und Ball spielen, das Füttern von Vögeln und Eichhörnchen und das Fotografieren. Ein Besucher sorgte für einen Skandal als er auf Google Maps Fotos postete. An Weihnachten ist der Park für die Öffentlichkeit zugänglich – eine Stunde lang.

WEST SIDE

NATURPFAD

HIGH LINE, MANHATTANS WEST SIDE

In diesem Park fühlt man sich fast wie in den Wolken. Er wurde auf einer alten Hochbahntrasse angelegt. Der letzte Zug fuhr hier 1980. Es ist ein idealer Ort, um sich auszuruhen und den unten fließenden Verkehr zu beobachten oder auch, um einen neugierigen Blick in die umliegenden Häuser zu werfen. Anders als in vielen Parks, in denen die Pflanzen sorgfältig angelegt und gepflegt werden, lieben die Parkdesigner hier „zufällige" Pflanzen, die wild auf den Gleisen sprießen. An der Strecke gibt's außerdem Kunst, einen Miniwald, Liegestühle und Wasserspiele, in denen du deine Füße kühlen kannst.

PALEY PARK

WINZIGE WUNDER

PALEY PARK UND ANDERE ORTE

Da Manhattan vollgepackt ist mit Gebäuden, sind viele der Parks recht klein. Sie heißen *pocket parks*, und Paley ist ein besonders beliebter dieser Taschenparks. Es gibt nicht viel Grün hier, aber dafür eine 6,1 m hohe Wasserwand, die den Straßenlärm erstickt. Im Greenacre Park gibt's sogar einen noch höheren Wasserfall, er ist 7,6 m hoch und stürzt mitten in Midtown in die Tiefe.

ES HEISST, DASS AUF DER HIGH LINE GEISTERZÜGE FAHREN UND GESPENSTISCHE ERSCHEINUNGEN AUS IHRER INDUSTRIELLEN VERGANGENHEIT ZU SEHEN SIND. HERUMSPUKENDE BESUCHER SIND ETWA EIN COWBOY, DER VON DEN HOCHBAHNGLEISEN FIEL UND STARB, SOWIE EIN MYSTERIÖSES INDIVIDUUM, DAS UNTER DEN GLEISEN LEBTE.

DER GROSSE

CENTRAL PARK

Der Central Park bedeckt etwa 3,4 Quadratkilometer von Manhattan. Er ist einer der berühmtesten Parks der Welt. Seit mehr als 160 Jahren ist er für die New Yorker ein Naturparadies. Hier nun ein paar besonders seltsame Infos über den Park. Du wirst überrascht sein!

CENTRAL PARK

GRÜN TUT GUT

Reiche New Yorker sorgten dafür, dass der Park so angelegt wurde, dass sie dort mit ihren Kutschen Ausfahrten machen konnten. Außerdem hofften sie auf den Zulauf von Menschen, die dann weniger in den Saloons und Bars der Stadt hocken würden. Der Ort wurde gewählt, weil der Untergrund aus Sumpf und Felsen besteht und daher nur schwer bebaut werden konnte.

VIELE BEINE

Wie du dir bestimmt schon gedacht hast, leben im Central Park alle möglichen wilden Tiere: Käfer, Spinnen, Fledermäuse und Eulen. Die große Überraschung war aber eine brandneue Hundertfüßler-Spezies, die hier 2002 entdeckt wurde. Zehn von diesen kleinen Tierchen mit 82 Beinen wurden gefunden. Mit einer Länge von 10,3 mm sind sie die kleinsten Hundertfüßler auf unserem Planeten. Sie wurden auf den Namen Hoffmans Zwerghundertfüßler getauft. Man vermutet, dass sie mit aus Asien importierten Pflanzen hierher kamen.

… SOMIT IST ER DER MEISTBESUCHTE STADTPARK DER USA.

ETWA 1600 MENSCHEN MUSSTEN FÜR DEN BAU DES PARKS IHR LAND VERLASSEN.

SCHWEINE UND SCHAFE

Die unangenehme Arbeit, Tierknochen auszukochen, wurde früher am Westrand des Parks erledigt. Die Schweinezüchter lebten in Pigtown, einem Dorf in der Süd-Ost-Ecke. Bis 1934 weideten Schafe auf der Wiese Sheep Meadow. In der Weltwirtschaftskrise, als viele ihre Jobs verloren und hungerten, wurden die Tiere aber an einen anderen Ort gebracht, weil befürchtet wurde, dass die Menschen sie einfach verspeisen würden.

HUNDEHELD

IM PARK GIBT ES 29 SKULPTUREN, DARUNTER EIN ABBILD VON DEM BERÜHMTEN HELDEN BALTO, EINEM ALASKAN MALAMUTE. 1925 FÜHRTE DER SCHLITTENHUND SECHS TAGE LANG EIN HUSKIE-GESPANN MEHR ALS 1600 KM VON DER ALASKISCHEN STADT ANCHORAGE IN DEN ORT NOME. SIE TRANSPORTIERTEN EIN LEBENSWICHTIGES SERUM GEGEN DIPHTHERIE, EINE TÖDLICHE KRANKHEIT.

DIE ABFALL-TOUR

Es heißt, dass der Müll des einen der Schatz des anderen sei. New York produziert mit Sicherheit viel Abfall, und es stimmt, dass ein Teil davon auf interessante Art und Weise recycelt werden kann. Wie wär's mit einer Fahrt im Müllauto? So erfährst du viel Interessantes über Sachen, die in der ganzen Stadt in Mülleimern landen.

START

TRASH MUSEUM

MÜLLSCHÄTZE

TREASURES IN THE TRASH

In einer Garage in East Harlem versteckt befindet sich ein Museum, in das man nur nach Voranmeldung kommt. Es beherbergt interessanten Müll, den Nelson Molina in 34 Jahren als Müllmann gesammelt hat. Seine „Schätze im Müllmuseum", wie er das Ganze nennt, sind eine fantastische Momentaufnahme von Alltagsgegenständen – von Spielzeug und Möbeln bis hin zu Kunstwerken und Haushaltsgeräten. Selbst die Wände sind mit Farben gestrichen, die Molina auf seinen Touren eingesammelt hat.

ERFOLGREICHER SOG

ROOSEVELT ISLAND PNEUMATIC TRASH TUBES

Auf Roosevelt Island wirst du nicht viele Müllautos sehen. Denn diese Insel hat ein verstecktes Müllabsauggeheimnis. Es heißt AVAC und ist ein Rohrleitungssystem unter allen Hochhäusern. Wenn die Bewohner ihren Abfall in den Müllschlucker werfen, saugen Luftventile ihn durch unterirdische Rohre und befördern ihn mit bis zu 96,5 km/h zur nördlichen Ecke der Insel, wo er in Containern landet. Probleme gibt es nur, wenn gedankenlose Leute zu große Teile hineinschmeißen und so die Rohre verstopfen.

ROOSEVELT ISLAND

FUNDBÜRO

GRAND CENTRAL STATION

Sachen, die Zugreisende vergessen haben, landen in der Grand Central Station im Fundbüro. Zehntausende Gegenstände kommen hier jedes Jahr zusammen. Knapp die Hälfte wandert zurück zu ihren Besitzern. Meist gehen Handys verloren, aber auch viele andere Gegenstände wurden schon gefunden, darunter so seltsame wie falsche Gliedmaßen, eine Geige im Wert von 100 000 US$ und eine singende Präsident-Bush-Puppe.

GRAND CENTRAL STATION

NEW YORK UNIVERSITY

PROFESSORIN DES MÜLLS

NYU (NEW YORK UNIVERSITY)

Die NYU ist der Arbeitsplatz von Professor Robin Nagle, einer Anthropologin, die sich mit allem beschäftigt, was allgemein als Müll bezeichnet wird. Dabei untersucht sie nicht nur, wie etwa die Müllabfuhr organisiert ist, sondern auch, was Abfall kulturell bedeutet.

Ein paar speziell von Müllmännern verwendete Ausdrücke gefällig? Sie wurden von ihrer persönlichen Professorin aufgezeichnet:

OBSTWAGEN, SALATWAGEN oder **WEISSER ELEFANT** – Müllauto.

BUNKERSAFT – die stinkende Flüssigkeit, die in dem Laster entsteht.

AUS MÜLL WIRD KUNST

WASHINGTON STREET

New Yorker Künstler verwenden für ihre Werke oft recycelten Müll. Ihre Skulpturen tauchen urplötzlich in Parks und an Straßenecken auf. Ein frühes Beispiel machte 1983 Furore, als der Künstler H. A. Schult ein Kunstwerk namens *Now* schuf. Er verwandelte die ganze Washington Street mithilfe alter Exemplare der *New York Times* in einen Altpapierfluss. Auf dem Foto siehst du ein Outfit aus recyceltem Zeitungspapier. Vorgestellt wurde das Kleid auf der Trashion Fashion Show, die 2014 in NY stattfand.

ETWA 10 000 TONNEN HAUSHALTSMÜLL WERDEN TÄGLICH IN NY EINGESAMMELT.

EINST MÜLLHALDE, BALD PICKNICKPLATZ

FRESH KILLS, STATEN ISLAND

Eine Zeit lang war diese 9,9 km² große Müllhalde mit riesigen Müllbergen die größte der Welt. Die Deponie wurde 1947 eröffnet, in Spitzenzeiten wurden dort täglich 13 000 Tonnen Müll abgeladen. Glücklicherweise ist das heute nicht mehr so. Die einstige Müllhalde soll zu einem großen, wunderschönen Park werden, in dem sich nicht nur Menschen, sondern auch Tiere wohlfühlen.

GESPÜLT – VERSTOPFT!

NEWTON CREEK

Am Newton Creek befindet sich die größte Abwasserkläranlage der Stadt. Doch die New Yorker Kanalisation befindet sich im Belagerungszustand – durch Feuchttücher! Sie verkleben das System und vermischen sich manchmal mit Altfett. So entstehen „Fettberge“ – dicke Klumpen aus ekliger Schmiere. NY etwa musste 2016 gut 18 Mio. US$ aufbringen, um die Schweinerei zu beseitigen. Die New Yorker wurden deshalb gebeten, erst nachzudenken, bevor sie die Tücher im Abfluss verschwinden lassen.

NEWTON CREEK

Suche: FAKTEN ÜBER ABWÄSSER IN NYC

4 MRD. LITER
Wasser verbrauchen die Menschen in NY täglich.

1200 TONNEN
Klärschlamm (organische Stoffe im Abwasser) werden täglich verarbeitet.

9656 KM
lang ist NYs Kanalisation.

ANGRIFF AUF RATTEN

ÜBERALL IN DER STADT!

In New York lebten schon immer Millionen von Ratten. Doch mit der Corona-Pandemie hat die Zahl der Nagetiere weiter zugenommen. Die Stadt gibt Millionen aus, um die tierischen Krankheitsüberträger loszuwerden. Nicht nur städtische „Rattentrupps“ sind mittlerweile unterwegs, sondern auch viele New Yorker machen sich private auf zur Rattenabwehr.

ÜBERALL IN DER STADT!

TIERE IN DER CITY

Wie wär's mit einem Abstecher zu ein paar überraschenden, exotischen Kreaturen, die Seite an Seite mit den New Yorkern leben? Überall in der Stadt tummeln sich Tiere, man muss nur wissen, wo.

START

VAN CORTLANDT PARK

NÄCHTLICHE RUMTREIBER

VAN CORTLANDT PARK

Wenn du in der Bronx ein Furcht einflößendes Geheul hörst, dann denk nur nicht, dass es aus dem Zoo kommt. Seit den 1990er-Jahren streunen Coy-Wölfe durch New York City. Sie haben sich im Van Cortlandt Park breit gemacht. Die Mischlinge aus Kojote und Wolf haben sich gut an das Leben in der Stadt angepasst, wo sie Jagd machen auf Mäuse, Ratten, Kaninchen, Eichhörnchen – und manchmal auch auf Haustiere!

SCHUPPIGER FLÜCHTLING

BRONX ZOO

2011 verschwand eine der tödlichsten Bewohnerinnen des Bronx Zoo, eine Ägyptische Kobra, aus ihrem Gehege und machte weltweit Schlagzeilen. An ihrem Biss sterben Menschen in nur 15 Minuten. Die Zoowärter suchten sie, und auf dem Twitter Account *@BronxZoosCobra* wurden ihre neuesten Abenteuer gepostet. Man vermutete, dass sie sich munter durch die Stadt schlängelte. Der bezahnte Flüchtling, der jetzt über 166 000 Twitter-Follower hat, wurde nach sechs Tagen dann aber gefunden – zusammengerollt in einer Ecke im Reptilienhaus!

BRONX ZOO

IN DEM BECKEN GIBT ES FÜNF SCHILDKRÖTARTEN. DIE HÄUFIGSTE IST DIE ROTWANGEN-SCHMUCK-SCHILDKRÖTE, DIE ROTE PUNKTE RUND UM DIE OHREN HAT.

REPTILIENHEIMAT

TURTLE POND, CENTRAL PARK

Baby-Schildkröten sind niedliche Tierchen. Wenn sie aber ausgewachsen sind, werden sie oft ausgesetzt. Einige wurden in den Central Park gebracht, wo sie in einem kleinen Becken, das ihnen zu Ehren Turtle Pond getauft wurde, ein neues Zuhause fanden. Dort bekommen sie alles, was sie brauchen. Eine Insel beschützt sie und ihre Eier vor Feinden. Außerdem können sie sich dort wunderbar in der Sonne rekeln.

TURTLE POND, CENTRAL PARK

CATHEDRAL OF ST. JOHN THE DIVINE

TIERISCHER SEGEN

CATHEDRAL OF ST. JOHN THE DIVINE

Am ersten Sonntag im Oktober gleicht die Cathedral of St. John the Divine eher einem Streichelzoo als einer Kirche. Jedes Jahr werden dort anlässlich des Franziskustags (Feast of St. Francis) Tiere gesegnet. Hunderte Tiere, darunter Ochsen, Alpakas, Ponys, Schafe – sogar ein Kamel und ein Känguru waren schon dabei – werden zum Altar geführt, um den Segen zu erhalten.

DINOKNOCHEN

AMERICAN MUSEUM OF NATURAL HISTORY

Die berühmten Paläontologen Barnum Brown und Henry F. Osborn reisten um die ganze Welt, um Dinoknochen zu sammeln und brachten die besten dann mit nach New York. Ihnen ist es zu verdanken, dass das American Museum of Natural History (AMNH) die weltweit größte Sammlung von Dinoknochen besitzt.

AMERICAN MUSEUM OF NATURAL HISTORY

HIER GEHT'S LANG

Zu den eindrucksvollsten hier ausgestellten Skeletten gehört das des grimmigen *Tyrannosaurus rex*. Früher dachten die Wissenschaftler, dass dieser schwergewichtige Jäger aufrecht ging und seinen Schwanz über den Boden zog. So wurde das Skelett anfänglich auch aufgestellt. Heute wissen wir aber, dass sowohl der Körper als auch der Schwanz waagerecht gehalten wurde. Die Knochen mussten also neu angeordnet werden und machen jetzt einen echt Furcht erregenden Eindruck.

15 CM LANG IST DER ZAHN

1,5 M LANG IST DER SCHÄDEL

12 M BETRÄGT DIE LÄNGE VON DER NASE BIS ZUM SCHWANZ

DIE GEHEIMNISSE DES REX

Die Knochen des Skeletts vom *T-rex* sind fast alle echt, stammen aber von zwei Dinosauriern. Der *T-rex* hat außerdem zwei Köpfe! Das Skelett hat einen nachgemachten Kopf – der echte Schädel wird in der Nähe ausgestellt. Er ist zu schwer für die Knochen!

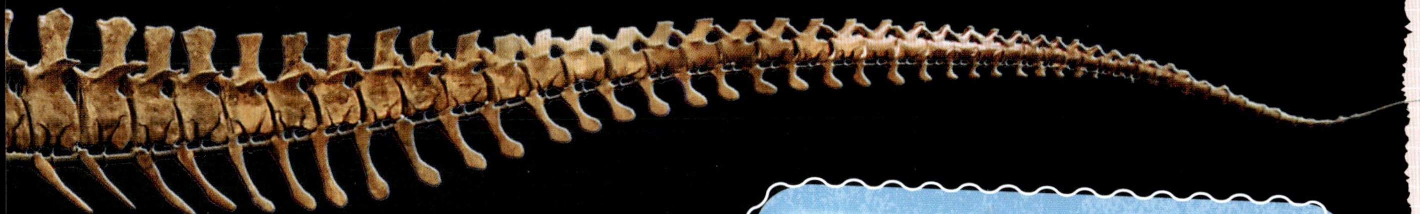

85 % DER SKELETTE IM AMNH BESTEHEN AUS ECHTEN VERSTEINERTEN KNOCHEN.

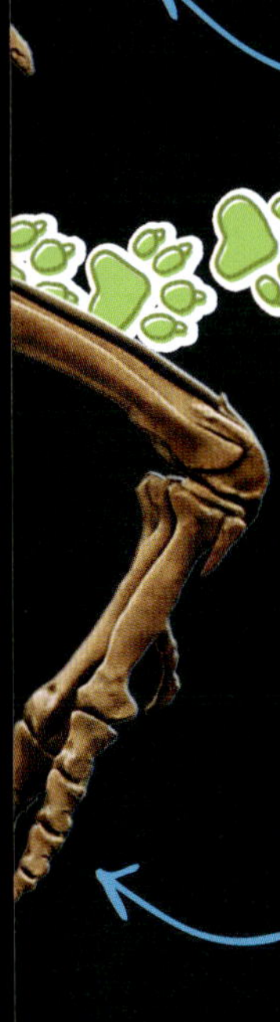

DINO-SPASS

IM 4. STOCK BEFINDEN SICH ÜBER 600 VOLLSTÄNDIGE ODER FAST VOLLSTÄNDIGE SKELETTE VON DINOSAURIERN UND ANDEREN PRÄHISTORISCHEN REPTILIEN UND SÄUGETIEREN. MUSEEN VERWENDEN OFT GIPSMODELLE, WENN AN UNVOLLSTÄNDIGEN SKELETTEN KNOCHEN ERSETZT WERDEN MÜSSEN.

NAHE NY

Im Bundesstaat New York wurden nie Dinoknochen ausgegraben. Man weiß aber, dass hier Dinos gelebt haben, weil im nahen Rockland County Fußabdrücke von ihnen entdeckt wurden. Im nahen New Jersey wurden ebenfalls viele Knochen gefunden, außerdem die Fußspuren eines großen Fleischfressers!

Suche: GOVERNORS ISLAND

MILITÄRBASIS

200 Jahre lang war die Insel eine Militärbasis. 2003 wurde sie dann an die New Yorker verkauft.

RUNDUMBLICK

2014 wurden die dortigen „Hügel“ aus recyceltem Material hergestellt. So können Besucher per Rundumblick die Freiheitsstatue, den New Yorker Hafen und die Skyline von Lower Manhattan bewundern.

DES RÄTSELS LÖSUNG

GOVERNORS ISLAND

Als Bienen anfingen, auf Governors Island knallroten Honig zu produzieren, staunten die Züchter nicht schlecht. Der Grund dafür wurde schließlich in einer Firma im nahen Red Hook gefunden, die Cocktailkirschen herstellt. Offenbar schleckten die Bienen dort an dem mit rotem Farbstoff versetzten Zuckersirup, der für die Herstellung der Cocktailkirschen benutzt wurde. Nachdem man die Deckel auf den Sirupfässern geschlossen hatte, hatte der Honig wieder seine normale Farbe.

TIER-ACT

RADIO CITY MUSIC HALL, ROCKEFELLER CENTER

Keine Angst, du träumst nicht, wenn dir im November oder Dezember ein Kamel auf der Sixth Avenue entgegenkommt. Kamele sind zusammen mit Schafen und einem Esel die pelzigen Hauptdarsteller in *Living Nativity*, einem der Highlights der spektakulären Weihnachtsshow in der berühmten Radio City Music Hall.

DAS NEW YORK AQUARIUM ÖFFNETE 1896 UND IST DAS ÄLTESTE UNUNTERBROCHEN BETRIEBENE AQUARIUM IN DEN USA.

SIE ÜBERLEBTEN SANDY!

NEW YORK AQUARIUM

Im New York Aquarium kannst du Tausenden von Meeresbewohnern tief in die Augen schauen. Das Aquarium wurde 2012 von dem Hurrikan Sandy schwer beschädigt. Die meisten Tiere waren aber in ihren Becken sicher, bis auf ein Walross-Baby, das später glücklich im Hochwasser plantschend gefunden wurde. Ein Aal wurde in einer Duschkabine entdeckt.

PLAPPERMÄULER

GREEN-WOOD CEMETERY

Die Bewohner der meisten Friedhöfe sind ja eher ruhig. Für die auf Brooklyns Green-Wood Cemetery trifft das aber nicht zu. Lärmende Mönchssittiche haben hier zwischen historischen Statuen und Mausoleen ihre strubbeligen Nester gebaut. Die exotischen Vögel sehen im eisig kalten New Yorker Winter irgendwie fehl am Platz aus. Da ihre Heimat aber der Süden Argentiniens ist, sind sie Frost und Schnee gewöhnt. Es heißt, dass die Sittiche in den 1960er-Jahren am Flughafen aus einer Lattenkiste entkommen konnten.

AB NACH UNTEN!

Unter New York gibt es kilometerlange Tunnel. In einigen davon kannst du überraschende Geheimnisse entdecken. Also Taschenlampe an und los geht die Entdeckungstour!

12TH AVENUE

DAS MUH-RÄTSEL

12TH AVENUE

In New York gibt es viele Tunnel, aber gibt es auch einen für Kühe? Es heißt, dass es einen vergessenen Rindertunnel in West Side, irgendwo unter der 12th Avenue, geben soll. Die Tiere wurden früher auf einem Kahn von New Jersey zum Meatpacking District gebracht. Der Tunnel, so sagt man, wurde gebaut, um Kuhstaus auf den Straßen zu vermeiden. Das kannst du in alten Büchern und Zeitungen nachlesen, es ist sogar auf Plänen vermerkt. Aber niemand weiß, ob es ein Muh-Märchen oder die Wahrheit ist!

CITY HALL OLD STATION

EIN BAHNHOF OHNE ZÜGE

CITY HALL OLD STATION

Dieser wunderschöne Bahnhof wurde 1904 eröffnet und 1945 geschlossen. Heute ist er eine geheime U-Bahn-Location. Man kann ihn nur bei einer der äußerst seltenen Besichtigungstouren oder in Zügen der Linie 6 bewundern, die Richtung Uptown wenden. Der Bahnhof mit seinen Fliesen, Oberlichtern und Kronleuchtern ist umwerfend. Kein Wunder: Die Konstrukteure bauten auch Kathedralen.

START

58 JORALEMON ST.

GEHEIME PFORTE!

58 JORALEMON ST.

Obwohl es aussieht wie ein schönes Reihenhaus, hat nie irgendjemand darin gewohnt – eigentlich ist es nämlich gar kein Haus. Es ist eine clever verkleidete Lüftungsöffnung und ein Notausgang der New Yorker U-Bahn, die neun Etagen weiter unten fährt! Nur wenige Leute waren dort schon drin. Die, die hinein durften, sagen, es sei ein gruselig leerer Raum mit unzähligen Personenstegen.

SHOW IM BAHNHOF

UNION SQUARE STATION

Dieser Bahnhof soll die beste Location für Straßenkünstler sein, aber auch alle anderen Bahnhöfe eignen sich gut für Gigs. Lange durften Straßenkünstler hier nicht auftreten, 1985 änderte sich das. Heute müssen sie erst ein Vorspielen absolvieren und bekommen dann einen Ort für Auftritte zugewiesen. Einige der U-Bahn-Musiker haben es aus dem Untergrund nach oben geschafft und in Theatern und Konzerthallen Karriere gemacht. Also: Augen und Ohren offen halten – und nichts wie hin, wenn du in der U-Bahn auf einem Gehweg laute Musik hörst!

UNION SQUARE STATION

7500 DARBIETUNGEN GIBT ES JEDE WOCHE IN DER NY SUBWAY

30 OFFIZIELLE DARBIETUNGSORTE GIBT ES IN DER NY SUBWAY

Suche: **KUNST IN DER NYC SUBWAY**

ARTEN

Kunst in der New Yorker U-Bahn hat viele Gesichter, unter anderem:

- Wandmosaike
- berühmte Zitate
- Buntglas
- Seekarten
- Fotos
- Klang-Installationen

CHRISTOPHER JANNEY SCHUF AUCH EINE TEMPORÄRE „KLANGTREPPEN"-INSTALLATION AUF DEN STUFEN DES NEW YORKER METROPOLITAN MUSEUMS. TRITT MAN AUF EINE STUFE, ERKLINGT EIN TON.

14TH ST. / 8TH AVE.

KUNST IM UNTERGRUND

14TH ST. / 8TH AVE.

In der U-Bahn wird wirklich tolle Kunst geboten, z. B. *Life Underground* von Tom Otterness. Seine kleinen Figuren findest du überall dort, wo du sie am wenigsten erwartest – sie sitzen neben Pendlern, kriechen auf Geländern oder klettern an Wänden hoch. Längst sind sie unterirdische Publikumslieblinge, die jeden zum Lächeln bringen.

KLINGT SUPER!

34TH ST. HERALD SQUARE

Über dem Bahnsteig ist eine lange grüne Box befestigt. Während du auf den Zug wartest, kannst du damit wunderschöne Musik erzeugen. Es ist die Kunstinstallation *REACH* von Christopher Janney. Jeder, der mit der Hand vor einem der acht Augen wedelt, unterbricht einen Lichtstrahl und wird mit Musik belohnt – von melodischer instrumenteller Musik bis hin zu sanften Klängen aus der Natur wie Vogelgezwitscher oder Regentropfen.

34TH ST. HERALD SQUARE

ZEITREISE

NY TRANSIT MUSEUM, COURT STREET

Der Eingang sieht wie der einer normalen U-Bahn-Station aus. Dem ist aber nicht so, denn hier dreht sich alles um die Geschichte der New Yorker Subway. Die Besucher klettern liebend gern in die alten U-Bahn-Wagen und unternehmen eine Zeitreise ins Jahr 1904. Damals wurde die erste U-Bahn in Betrieb genommen. Am Eröffnungstag zahlten mehr als 100 000 gespannte New Yorker einen Nickel (5 Cent) für die Fahrt, und auf der allerersten Fahrt übernahm sogar der Bürgermeister New Yorks die Steuerung.

NY TRANSIT MUSEUM, COURT STREET

Subway

Die U-Bahn ist ein wichtiger Bestandteil von New York City – ein Muss für jeden und ein Ort, der dich mit vielen unglaublichen Zahlen vom Hocker hauen wird. Setz dich einfach hin und schau dir die Zahlen an …

5,6 MILLIONEN

Etwa 5,6 Mio. Menschen fahren täglich mit der U-Bahn. Das sind ca. 1,75 Mrd. im Jahr. (Die New Yorker U-Bahn steht weltweit an 7. Stelle, Tokio an 1. Stelle).

39 000

Straßenbelüftungsgitter lassen Luft in die Schächte und wieder herausströmen.

581 MILLIONEN KM

Die Flotte fährt jährlich rund 581 Mio. km zwischen 472 Bahnhöfen.

Wenn man die Gleise aneinanderreiht, würden sie von New York bis nach Chicago reichen.

Es gibt 72 Brücken und 14 Tunnel, die unter Flüssen verlaufen. Letztere werden „tubes“ genannt.

LECKERBISSEN VOM BIG APPLE

Wenn du Hunger hast, dann hast du Glück. Denn New York ist wie ein gigantischer Tisch voller Nahrungsmittel aus aller Welt. Es verwundert also nicht, dass diese Stadt den Spitznamen Big Apple trägt. Auf dieser Tour kannst du dir den Bauch mit vielen Leckereien vollschlagen. Alles klar?

START

BROOKLYN

PIZZA-PARADIES

LOMBARDI'S, 32 SPRING ST.

Ende des 19. Jahrhunderts brachten Einwanderer aus Neapel ihre Pizza mit nach New York. Gennaro Lombardi eröffnete 1905 New Yorks erste Pizzeria und schuf die New York Pizza. Um auf den hiesigen Geschmack einzugehen benutzte er Kohleöfen (in Italien wurde mit Holz geheizt) und Mozzarella aus Kuhmilch (anstelle von Büffelmilch). Man kann Gennaro und seine Pizza-Bäcker-Kollegen für ihre leckere NY Pizza, die es jetzt seit weit über 100 Jahren gibt, nur beglückwünschen. *Bellissimo!*

TOLLE BAGELS

BROOKLYN

Das Rezept für Bagels wurde von Einwanderern aus Europa in die USA gebracht und war früher ein wohlgehütetes Geheimnis. Gute Bagels haben eine knusprige Kruste und sind innen butterweich. Die Brooklyner Bagel-Bäcker behaupten, dass ihre die weltweit besten seien – und das soll am Wasser liegen. Das Brooklyner Wasser kommt aus den rund 240 km entfernten Catskill Mountains und enthält eine ganz eigene Mischung aus Mineralien. Die Bagel-Bäcker ließen das Brooklyner Wasser analysieren und sorgten dafür, dass dieser Mineralienmix für die Bagel-Herstellung überall in den USA verwendet wird.

SPRING STREET

+

=

Perfekte Pickles

THE PICKLE GUYS, 49 ESSEX ST.

Die Kunden kommen von weit her, um sich bei The Pickle Guys perfekte Gewürzgurken zu kaufen. Diese Leute legen das Gemüse in Fässern mit Salzwasser, Knoblauch und Gewürzen ein. Sie sind die letzten Pickles-Verkäufer im Pickle-Distrikt in der Lower East Side. Zum Passahfest versorgen die Pickle Guys die jüdische Gemeinde, dann reiben sie tagelang von morgens bis abends Meerrettich für die typischen Speisen. Die Angestellten tragen dabei Gasmasken!

Pizza in Zahlen

- ➡ In NY gibt es über **9 000** Pizzerias.
- ➡ **350** Pizzastücke werden **jede Sekunde** in den **USA** verputzt. Also jetzt 350 ... und jetzt ... und jetzt ...
- ➡ Ganz Amerika feiert die saftigen Stücke in der **National Pizza Week** im **Januar**.

ESSEX STREET

BAYARD STREET

Leckeres Eis

CHINATOWN ICE-CREAM FACTORY, 65 BAYARD ST.

Die Anfänge von Eiscreme reichen zurück in die frostigen Nebel der Geschichte. Es heißt, dass die Chinesen vor Tausenden von Jahren diese coole Leckerei erfunden haben. Wir werden nie erfahren, wer als Erster Eis schleckte. Wir wissen aber, dass die Stadt New York ihren eigenen chinesischen Eis-Maestro hat, die Chinatown Ice-Cream Factory. Hier gibt's chinesische Geschmacksrichtungen: Lychee-Eis, Mango-Eis, Rote-Bohnen-Eis und Durian-Eis in Waffeln und Bechern aus schwarzem Sesamsamen.

WER HAT DIE EISTÜTE ERFUNDEN? SCHLECKERMÄULER KÖNNEN DARÜBER STUNDENLANG DISKUTIEREN. WIR WISSEN ABER 100-PRO, DASS DER AUS ITALIEN STAMMENDE NEW YORKER MARCHIONY EINER DER ERSTEN WAR, DER EISCREME IN ZU SCHALEN GEFORMTEN WAFFELN VERKAUFTE.

LUST AUF LATINO-KÜCHE?

RED HOOK BALL FIELDS

Was wäre der Besuch einer Sportveranstaltung ohne einen Snack von einer Imbissbude? Zu den Red Hook Ball Fields geht man, um sich Baseballspiele anzusehen, aber auch, um ganz nebenbei lateinamerikanische Leckereien zu kosten. Wie wär's mit Empanadas, Tamales und Pupusas (das ist eine Art Pfannkuchen aus El Salvador gefüllt mit köstlichen Käsemischungen). Wir könnten dir noch mehr empfehlen, sind jetzt aber zu hungrig. Appetit auf Tacos?

Suche: DELIS IN NEW YORK

DELIKATESSEN

Das Wort „Deli" ist die Abkürzung von „Delikatessen", was wiederum „Feinkost" bedeutet.

Deutsche Einwanderer haben Delikatessen als Erste in New York eingeführt. Die Stadt ist jetzt weltberühmt für ihre vielen Delis – insbesondere die der Juden und der Italiener.

OPA DER DELIS

KATZ'S DELI, 205 E. HOUSTON STREET

Wie dick kann ein Sandwich eigentlich sein? Katz's Pastrami-Sandwiches sind auf jeden Fall riesig. Dieser Deli stellt sein eigenes Pastrami auf Feinschmeckerart her. Das köstliche Fleisch wird 30 Tage lang geräuchert. Katz's ist der Opa aller Delis, denn er ist der älteste in New York. Er wurde bereits 1888 gegründet. Neben anderen Köstlichkeiten werden hier jede Woche rund 4 500 kg Pastrami verkauft. Also das sind seit 1888 ... nun ja, auf jeden Fall viel Fleisch und viele Sandwiches!

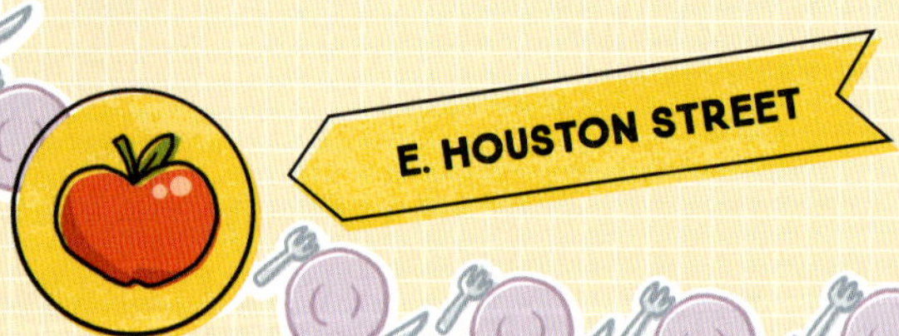

TRAUMHAFT CREMIG

JUNIOR'S DELI, 368 FLATBUSH AVENUE

Käsekuchen gibt's seit Jahrtausenden. Sogar die alten Römer hatten schon ihre Variante, sie verwendeten mit Honig vermischten Ricotta. 1872 erfand dann ein Landwirt in Chester, New York, der mit Milch experimentierte, den Frischkäse. Schon bald war die Käsekuchen-Variante mit Frischkäse, die wir noch heute kennen und lieben, geboren. Wenn man New Yorker Feinschmeckern glauben darf, gibt's den besten bei Junior's. Hier ruht der Käsekuchen 48 Stunden, bevor er serviert wird – das Aroma muss sich schließlich erst perfekt entfalten.

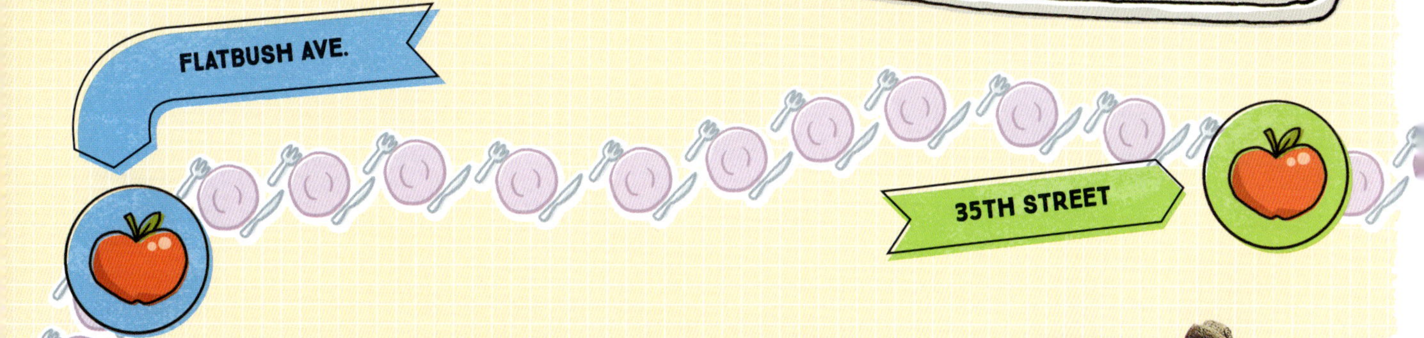

STRASSE DER SÜSSIGKEITEN

LI-LAC SCHOKOLADENFABRIK, 68 35TH STREET

Bei New Yorks ältestem Schokoladenhersteller riecht selbst die Luft nach Schokolade. Das Unternehmen Li-Lac produziert seit 1923 handgefertigte Schokoladen. Einige der alten Rezepte werden noch heute verwendet. Es gibt Mandelbrocken, Karamellwürfel, Butter Crunch, Salzkaramell, Walnuss-Karamellriegel, Kokoshäufchen, Schoko-Erdbeeren … Li-Lac hat auch noch über 1 000 verschiedene Schokoladenformen. So können sogar Geigen und Schuhe in Originalgröße hergestellt werden. Der Verband der Neurochirurgen hat mal 13 000 Schoko-Gehirne geordert.

CONEY ISLAND

SPASS IM BRÖTCHEN

NATHAN'S HOT-DOG-EATING CONTEST, SURF ECKE STILLWELL AVENUE

Jedes Jahr am 4. Juli findet in Coney Island, einer Halbinsel im Süden Brooklyns, das weltweit angesehenste Wettessen statt. Hier treffen sich die schnellsten Hotdog-Esser der Welt und futtern vor über 50 000 Zuschauern in zehn Minuten so viele Hotdogs wie sie können. Das Fernsehen ist natürlich auch dabei. Vorher werden die Teilnehmer im Beisein des Bürgermeisters gewogen; dann fährt man sie im „Bus der Champions" zum Ort des Geschehens.

INTERESSANTES ÜBER WETTESSEN

Das Event wird von der International Federation of Competitive Eating organisiert. Die Teilnehmer müssen sich dort anmelden, genau wie Ringkämpfer beim WWE (World Wrestling Entertainment). Sie nehmen auch an anderen Events teil, beispielsweise an Hamburger- oder Pizza-Wettessen. Eine Wettkampfliga gibt's natürlich auch.

ÜBERGEBEN VERBOTEN!

Die Teilnehmer müssen so viele Hotdogs mit Brötchen verputzen, wie sie schaffen (auch von den Brötchen darf nichts übrig bleiben!). Wenn es hilft, dürfen sie die Hotdogs in Wasser eintauchen. Jeder Esser hat seinen eigenen Punktezähler, der eine genaue Liste führt. Wer unschön isst, bekommt Strafpunkte, und wer sich übergibt, wird disqualifiziert. Bei einem Unentschieden gibt's eine Verlängerung.

WAHRE CHAMPIONS

Der US-Superstar Joey Chestnut gewann das Wettessen in acht aufeinander folgenden Jahren, 2020 stellte er einen neuen Rekord von 75 Hotdogs in 10 Minuten auf. Der japanische Wettessermeister Takeru Kobayashi (oben) gewann sechs Mal in Folge. Sonya Thomas (links) ist bei den Frauen der Wettesser-Topstar. Die kleine Frau hält 39 Weltrekorde, beim Nathan's Weltrekord der Frauen allerdings wurde sie 2020 geschlagen: Miki Sudo schaffte 48,5 Hotdogs in 10 Minuten. Die Sieger erhalten einen mit Edelsteinen besetzten Gürtel – senffarben für Männer, rosa für Frauen.

70 GESCHÄTZTE ZAHL DER **HOTDOGS,** DIE JEDER AMERIKANER PRO JAHR ISST

20 MRD. HOTDOGS WERDEN LAUT SCHÄTZUNG PRO JAHR AUF AMERIKANISCHEN SPORTEVENTS UND IM KARNEVAL **VERPUTZT**

TEURE IMBISSWAGEN

ES GIBT ETWA 150 IMBISSWAGEN, DIE IN DEN NEW YORKER PARKS HOTDOGS, WASSER, EIS, GERÖSTETE NÜSSE UND ÄHNLICHES VERKAUFEN DÜRFEN. DIE VERKÄUFER MÜSSEN DAFÜR EINE ERLAUBNIS KAUFEN. DIE TEUERSTE IST DIE FÜR DEN CENTRAL PARK, SIE KOSTET ÜBER 200 000 US$ PRO JAHR. DAFÜR MÜSSEN VIELE HOTDOGS VERKAUFT WERDEN. MAN SOLLTE EIGENTLICH MAL JOEY CHESTNUT UND SONYA THOMAS DORT HINSCHICKEN!

TOP-SCHÄTZE

In New York gibt's einige der besten Museen und Galerien der Welt mit vielen berühmten Ausstellungsstücken. Hier geht's lang zu einigen verborgenen und weniger verborgenen Schätzen, die hier zum ersten Mal für dich an einem Ort zusammengetragen wurden.

THE MORGAN LIBRARY

EIN MUSEUM FÜR ALLES

THE CITY RELIQUARY

Dieses schnuckelige Gemeindemuseum wird von Einheimischen geführt und zeigt „Schätze“ aus dem alltäglichen Leben in New York. Hier gibt es alles – von alten Baseball-Tickets bis hin zu Retro-Flaschen, einen Zahnarztstuhl und einer Sammlung über die Geschichte der Donuts. Zu den temporären Ausstellungen zählte eine faszinierende Schau über alles, was mit Hühnern zu tun hat.

DIE ERSTEN SCHRIFTZEICHEN DER WELT

MORGAN LIBRARY

John Pierpont Morgan war ein sagenhaft erfolgreicher Banker und Sammler. Als er 1924 starb, machte sein Sohn die große Bibliothek seines Vaters der Öffentlichkeit zugänglich. Sie beherbergt berühmte Erstausgaben von Büchern, Zeichnungen von berühmten Künstlern, und obendrein eine Sammlung winziger Schätze – kleine, etwa 2,5 cm große Siegel mit eingravierten Bildern und Symbolen. Sie mögen unbedeutend aussehen, sind aber um die 5000 Jahre alt und gehören zu den weltweit allerersten Schriftzeichen.

THE CITY RELIQUARY

START

NEW YORK PUBLIC LIBRARY

TOLLER TEDDYBÄR

NEW YORK PUBLIC LIBRARY

Es war einmal ein kleiner Junge namens Christopher Robin Milne, der von seiner Mama einen Teddybär und andere Kuscheltiere – Ferkel, I-Aah, Tigger und Kanga – geschenkt bekam. Sein Vater, der Schriftsteller A. A. Milne, sah ihm beim Spielen zu und bekam so die Ideen für seine Geschichten über Pu den Bären. Pu wurde sehr schnell weltberühmt. Das Originalspielzeug kannst du dir in einem Raum hinter Panzerglas im Untergeschoss der New York Public Library anschauen.

2008 KREIERTE TIFFANY'S EIN HANDY MIT ÜBER 400 DIAMANTEN. ES WURDEN NUR ZEHN DAVON HERGESTELLT.

DAS HAUS DER JUWELEN

TIFFANY'S

Jeder New Yorker weiß, wo Tiffany's ist. Seit 1940 verkauft dieses Kultgeschäft glitzernde Juwelen an Mitglieder von Königshäusern, Filmstars und Normalsterbliche, die auf der Suche nach einem perfekten Geschenk sind. Hier befindet sich auch der Tiffany Yellow Diamond (oben) – einer der größten je gefundenen Diamanten. Er hat einen Wert von rund 12 Mio. US$ (10,6 Mio. €) und hängt an einer Halskette aus Diamanten und Platin.

TIFFANY'S

MINI-MILLIONEN

METROPOLITAN MUSEUM OF ART

Das Met ist das größte Museum der westlichen Halbkugel und wird jedes Jahr von über 6 Mio. Menschen besucht. Es ist vollgestopft mit allen möglichen Schätzen, aber einer wird dich mehr überraschen als alle anderen. Es ist ein kleines Gemälde, das nur 27,9 cm x 21,18 cm misst. Der Rahmen ist beschädigt, er hat Brandflecken von Kerzen, die vor vielen, vielen Jahren darunter angezündet wurden. Und was ist das Besondere daran? *Madonna und Kind* von Duccio di Buoninsegna ist das teuerste Kunstwerk im ganzen Museum. Es hat einen Wert von 45 Mio. US$ (40 Mio. €)!

DAS GEMÄLDE *MADONNA UND KIND* IST ÜBER 700 JAHRE ALT.

GESTOHLENER SAPHIR

AMERICAN MUSEUM OF NATURAL HISTORY

Der größte blaue Sternsaphir der Welt, der *Star of India*, befindet sich – durch hochmoderne Sicherheitstechnik geschützt – in diesem Museum. In Sicherheit war er hier jedoch nicht immer. 1964 fanden zwei Räuber aus Miami heraus, dass niemand die Batterien der Alarmanlage ausgetauscht hatte. Also stiegen sie durch ein Fenster in das Museum ein, griffen sich den Saphir und andere Juwelen und kehrten nach Miami zurück, wo sie aus Freude über die Beute zu laut feierten und geschnappt wurden. Den Saphir fand man in einem Schließfach am Busbahnhof in Miami.

DER SAPHIR STAR OF INDIA GEHÖRT ZU DEN ÄLTESTEN SCHÄTZEN IN NY CITY. ER IST ETWA 2 MILLIARDEN JAHRE ALT UND WURDE IN SRI LANKA GEFUNDEN.

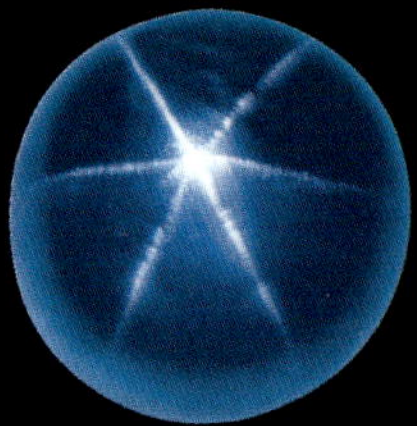

UNTER VERSCHLUSS

GEHEIME ORTE IN MIDTOWN

Wo lagern die New Yorker Museen ihre nicht ausgestellten Schätze? Man hört, dass einige der erstklassigen Museen und Galerien ihre nicht benutzten Sammlungen in Midtown Manhattan, in Gegenden wie Chelsea und der Upper East Side, verstecken. Insider sagen, dass diese geheimen Orte mit der neuesten Sicherheits- und spezieller Brandschutztechnik, mit Temperatur- und Feuchtigkeitsreglern ausgestattet sind – draußen an den Gebäuden gibt es aber keinen Hinweis auf das, was sich darin befindet.

SUCH DEN SCHATZ!

LONG ISLAND

In New York gibt es einen Schatz, den es noch zu finden gilt! Der berühmt-berüchtigte Pirat Captain Kidd versteckte sich einst in der Stadt, wurde dann aber von den Briten geschnappt und 1701 in London gehängt. Er soll ein wohlhabender Mann gewesen sein, starb aber, ohne vorher die Orte zu verraten, an denen er seine Schatztruhen versteckt hatte. Ein Schatz wurde auf Gardener's Island gefunden, es sollen aber irgendwo auf Long Island noch mehr Schätze vergraben sein.

GEHEIME ORTE IN MIDTOWN

Suche: CAPTAIN KIDD

LEBEN AUF SEE

Captain William Kidd wurde 1654 in Dundee, Schottland, geboren und fuhr schon als kleiner Junge zur See.

FREIBEUTER

Er begann seine Karriere als Freibeuter – eine Art „legaler" Pirat, der von der Regierung angeheuert wird, um ausländische Schiffe anzugreifen.

LONG ISLAND

SHOWTIME!

Scheinwerfer! Vorhänge! Es ist Zeit für den Besuch der großen New Yorker Theater. Los geht's im weltberühmten Theater District. Stepptanzschuhe an und losgesteppt!

THEATERZENTRUM

BROADWAY

Jeder Schauspieler träumt vom Broadway. Er ist das magische Herz des amerikanischen Theaters, die Straße, in der Bühnenstars geboren werden. Die Theater-Tour führt direkt durch Manhattan. Schon bevor die Stadt gegründet wurde, gab es den Broadway – allerdings nur als einfachen Pfad.

BROADWAY

Suche: NEW YORKER BÜHNEN IN ZAHLEN

BROADWAY
Es gibt etwa 40 Theater am Broadway.

TICKETVERKAUF
Über 1 Milliarde US$ werden pro Jahr für Tickets für Broadway Shows ausgegeben.

TIMES SQUARE

Das Zentrum des Broadway ist der Times Square. Dort hat jedes Geschäft und Unternehmen eine Leuchtreklame. Hier gibt es jedes Jahr eine riesige Silvesterfeier. Dann schaut jeder auf den berühmten leuchtenden Ball an der Stange oben auf einem Dach, der um 23.59 Uhr langsam herabgelassen wird und genau um Mitternacht unten ist. Frohes neues Jahr!

LICHTERGLANZ

Auf dem Broadway wird es auch nachts kaum dunkel, denn Reklametafeln und Theaterbeleuchtung erhellen den Nachthimmel. Er ist eine der ersten Straßen in den USA, die elektrisch beleuchtet wurde – das war 1880.

STRASSE DER DIEBE

Zu Beginn des 19. Jahrhunderts trieben Taschendiebe in dieser Gegend ihr Unwesen. Auch Ziegen und Schweine stromerten zwischen den baufälligen Baracken der Armen herum. Als dann Stadtplaner die Straße neu gestalten wollten, setzte ein Kneipenwirt aus Holland alles daran, dass sein Lieblingsbaum nicht gefällt wurde. Deshalb macht die Straße einen Knick nach Westen, statt geradeaus zu verlaufen.

DIE AM LÄNGSTEN LAUFENDE BROADWAY-SHOW IST DAS PHANTOM DER OPER – SEIT 1988.

GEWICHTIGER GEWINN

JEDES JAHR WERDEN DIE BESTEN BROADWAY-STARS UND -SHOWS MIT DEM TONY AWARD AUSGEZEICHNET, DESSEN NAME AUF EINE BEKANNTE BROADWAY-GRÖSSE ZURÜCKGEHT. DIE AUSZEICHNUNG – EIN MEDAILLON AUF EINEM SOCKEL – WURDE 2010 SCHWERER UND GRÖSSER GEMACHT, UM MEHR EINDRUCK ZU SCHINDEN. ES WAR SCHON IMMER EINE GROSSE SACHE, EINE TONY ZU GEWINNEN, ABER JETZT IST ES AUCH EINE SCHWERGEWICHTIGE!

DAS NEW VICTORY THEATER ZEIGT NICHT NUR THEATERSTÜCKE, SONDERN AUCH TANZ-, ZIRKUS-, OPERN- UND MUSIKAUFFÜHRUNGEN AUS DER GANZEN WELT.

FRAU GHOST

NEW VICTORY THEATER

Das New Victory ist das älteste noch betriebene Theater in NY. Es ist ein Kindertheater und bringt tolle Shows auf die Bühne. Anscheinend gibt es dort auch noch einen Geist – aber einen freundlichen. Es ist der Geist von Leslie Carter, einer einst berühmten Schauspielerin. Die Musiker in dem Theater werfen ihr oft vor, dass sie an ihren Instrumenten rumhantieren und an den Knöpfen und Saiten spielen würde. Sie soll sogar nachts, wenn sie niemand hören kann, auf den Instrumenten musizieren!

NEW VICTORY THEATER

TANZ!

MTV STUDIOS

MTV STUDIOS

New Yorker Tänzer wollen mit ihren Darbietungen Wirkung erzeugen. 2015 kamen die Künstler vor den MTV Studios mit dem weltweit längsten Staffel-Tanz-Marathon, dem „Beyoncéthon", ins *Guinnessbuch der Rekorde.* Sie tanzten 24 Stunden und 9 Minuten lang nach Musik von Beyoncé.

ES MUSS WEIHNACHTEN SEIN

LINCOLN CENTER

Jedes Jahr zu Weihnachten träumt ein kleines Mädchen in New York den Traum von ihrem liebsten Weihnachtsspielzeug, dem Nussknacker-Prinzen. Er wird lebendig und besiegt den bösen Mäusekönig, dann nimmt er sie mit in eine magische Winterlandschaft, wo eine Zuckerfee für sie tanzt. Das ist die Story des klassischen *Nussknacker*-Balletts, das hier seit 1954 vom New York City Ballet, Amerikas größter Tanztruppe, aufgeführt wird.

LINCOLN CENTER

SCHULE FÜR STARS

THE JUILLIARD, LINCOLN CENTER

Angeblich ist dies der beste Ort der Welt, um die darstellenden Künste zu erlernen, deshalb ist es auch so schwer, an dieser Musik- und Schauspielschule aufgenommen zu werden. Viele Musik- und Schauspiel-Superstars haben hier ihr Handwerk gelernt. Die Lehrer sind bekanntermaßen streng mit ihren Schülern, sie sollen schließlich die Besten werden. Musikalische Wunderkinder können hier schon mit sieben Jahren die Samstagsschule besuchen.

THE JUILLIARD, LINCOLN CENTER

DELACORTE THEATER
CENTRAL PARK

FREILUFTTHEATER

DELACORTE THEATER, CENTRAL PARK

Jeden Sommer stehen Theaterfreunde Schlange für kostenlose Tickets, um Schauspielstars zu bewundern, die unter freiem Himmel im Delacorte Theater im Central Park Stücke von Shakespeare aufführen. Hier standen schon Hollywoodstars wie Meryl Streep und Denzel Washington auf der Bühne. Auch zu Shakespeares Zeiten, also vor über 400 Jahren, fanden die Aufführungen in einem Theater ohne Dach statt. Wenn es heiß war, rochen die Zuschauer oft dermaßen schlecht, dass man ihnen den Spitznamen „Stinker" verpasste. Zum Glück für die Delacorte-Besucher wurde in der Zwischenzeit das Deo erfunden ...

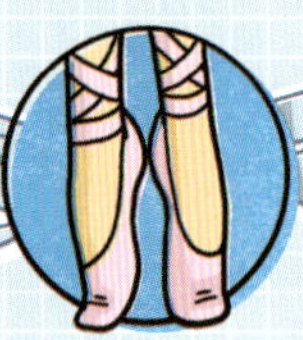

MARIONETTEN IM PARK

SWEDISH COTTAGE, CENTRAL PARK

Im Central Park gibt's ein kleines Stückchen Schweden – eine echte schwedische Hütte, die 1877 hier ankam. Seit 1947 treten hier ganz besondere Schauspieler und Schauspielerinnen auf ... an Fäden! In dem Marionetten-Theater werden Märchen wie *Hans und die Bohnenranke* oder *Peter Pan* aufgeführt. Kinder fühlen sich hier wie im siebten Marionetten-Himmel.

DIE SCHWEDISCHE HÜTTE DIENTE IM ZWEITEN WELTKRIEG ALS ZENTRALE FÜR ZIVILSCHUTZ.

SWEDISH COTTAGE,
CENTRAL PARK

VIELE WELTBERÜHMTE KÜNSTLER HABEN IHRE KARRIERE IM APOLLO THEATER IN HARLEM BEGONNEN, SO AUCH MICHAEL JACKSON, ELLA FITZGERALD UND STEVIE WONDER.

EINFACH MITSPIELEN!

MITMACHTHEATER, VERSCHIEDENE ORTE

Mitmachtheater bedeutet, dass das Publikum mitspielt. Das wird in NY immer populärer. Die Vorführungen finden in eher ungewöhnlichen Gebäuden statt, Sitzplätze gibt es nicht. Vielmehr erforscht das Publikum das Gebäude, trifft auf alle möglichen Charaktere und unterhält sich mit ihnen. Neuerdings müssen die Zuschauer sogar dabei helfen, einen Mord aufzuklären, sie müssen durch ein unheimliches Zauberland laufen und sogar in einem Musical mitwirken.

DIE MUTIGSTEN DER STADT

APOLLO THEATER

Wer zum Theater möchte, kann beim berühmten Talentwettbewerb im Apollo Theater in Harlem vorspielen. Das Problem: Das Publikum ist sehr streng und Darsteller, die die Zuschauer nicht mögen, werden gnadenlos ausgebuht. Wenn die Buhrufe zu laut werden, springt eine Sirene an und der „Executioner" kommt, um den armen Darsteller von der Bühne zu schicken.

AUF RÄDERN

Diese Tour führt dich blitzschnell durch New York. Du kannst wählen zwischen Fahrrad, Kutsche, Bus und Zug. Natürlich kannst du auch in eins der berühmten New Yorker Taxis steigen. Los geht's!

START

ÜBERALL IN NEW YORK

KUTSCHFAHRT

CENTRAL PARK

Pferdekutschen gehören seit den 1880er-Jahren zum Central Park. Damals ließen sich die New Yorker gern durch den Park kutschieren, um dem Straßenverkehr auszuweichen. Heute sind die Kutschen eine – allerdings sehr umstrittene – Touristenattraktion. Die einen sagen, dass es grausam sei, Pferde in der Stadt arbeiten zu lassen, andere sind nicht dieser Meinung. Es ist ein wichtiges Thema in NY und jeder hat etwas zu den Pferden in der Stadt zu sagen.

CENTRAL PARK

TAXI!

ÜBERALL IN NEW YORK

Du möchtest Taxifahrer in New York werden? Dann musst du erst mal eine Prüfung ablegen und beweisen, dass du zum Beispiel den Stadtplan lesen kannst. Dann musst du dir eine Medaillon-Plakette kaufen. Diese sichtbar an den gelben New Yorker Taxis angebrachten Metallplaketten bedeuten, dass das Fahrzeug eine Genehmigung besitzt. Früher wurden diese Plaketten für mehr als 1 Mio. US$ gehandelt, seit es aber Fahrdienste wie Uber gibt, ist ihr Wert rasant in den Keller gerauscht.

Suche: FAKTEN ÜBER NEW YORKER TAXIS

600 000 Taxifahrgäste im Durchschnitt pro Tag (236 Mio. im Jahr).

4,2 KM lang ist die durchschnittliche Strecke einer Taxifahrt in NY.

EIN NEW YORKER TAXI FÄHRT 112 654 KM PRO JAHR – DAS IST 2,8 MAL UM DIE WELT.

485 000 TAXIFAHRTEN FINDEN UNGEFÄHR PRO TAG STATT

175 MILLIONEN TAXIFAHRTEN FINDEN IN NEW YORK PRO JAHR UNGEFÄHR STATT

HARRYS RACHE

PLAZA HOTEL

Als dem Geschäftsmann Harry N. Allen 1907 von einem Pferdekutscher zu viel Geld abgenommen wurde, beschloss er, den ersten Auto-Taxi-Service in New York einzuführen. Er importierte 65 rote Taxis aus Frankreich und stellte sie in einer Reihe vor das brandneue Plaza Hotel. Als Harry später begriff, dass Gelb am weitesten zu sehen ist, ließ er sie gelb lackieren.

AUF DEM HEIMWEG

LONG ISLAND CITY

New Yorker beschweren sich oft, dass sie nachmittags zwischen vier und fünf Uhr kein Taxi bekommen – und dafür gibt's auch einen Grund: Die meisten gelben Taxis haben zwei Fahrer und in dieser Zeit sind sie auf dem Weg zum Schichtwechsel nach Long Island City, wo die meisten Werkstätten, Tankstellen und Taxifahrerschulen ihren Sitz haben.

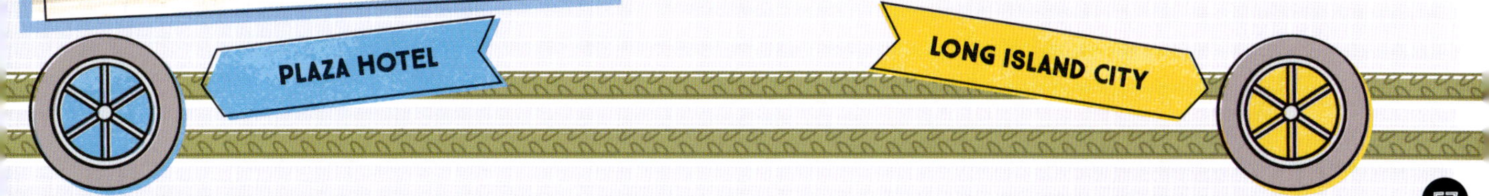

TREFFPUNKT UHR

GRAND CENTRAL TERMINAL

Der Info-Schalter in der Grand Central Station soll der beliebteste Treffpunkt in New York sein. Dort kannst du beobachten, wie etwa 750 000 Leute täglich durch die Halle laufen. Du kannst natürlich auch einen Blick auf die Uhr oben auf dem Schalterhäuschen werfen. Sie hat vier Seiten aus Opal und ist etwa 10 Mio. US$ (9 Mio. €) wert. Das Personal am Info-Schalter beantwortet rund 1 000 Fragen pro Stunde.

Alles über den Busverkehr

➡ **225 000** Menschen passieren an jedem Wochentag den Port Authority Bus Terminal.

➡ **8 000 Busse** fahren täglich von den **223 Bus-Plattformen ab.**

➡ Bis zu **66 Mio. Menschen** steigen hier **jährlich** in einen der **2,3 Mio. Busse**!

GRAND CENTRAL TERMINAL

THE PORT AUTHORITY BUS TERMINAL

WELTBESTE AUSLASTUNG

PORT AUTHORITY BUS TERMINAL

Der Port Authority Bus Terminal ist der größte Busbahnhof in den USA und der verkehrsreichste der Welt. In jedem Jahr verleihen leidgeprüfte Fahrgäste der langsamsten Busverbindung den Pokey Award (eine goldene Schnecke) und dem unzuverlässigsten Unternehmen den Schleppie Award (ein tapsiges Elefantenpaar).

DURCHSCHNITTLICH WERDEN AM TAG 34176 CITI-BIKE-FAHRTEN UNTERNOMMEN. EIN RAD WIRD PRO TAG IM DURCHSCHNITT 8-MAL BENUTZT.

FAHRRAD-BALANCEAKT

CITI BIKE STATION, 33RD STREET ECKE 7TH AVENUE

Mit 6000 Fahrrädern und Plänen, diese Zahl zu verdoppeln, ist New Yorks Citi Bike das größte Fahrradverleihsystem in den USA. Die Fahrradstation 33rd Street Ecke 7th Avenue ist die am meisten benutzte, denn sie ist in der Nähe der Penn Station. Dafür zu sorgen, dass an beliebten Stationen immer Räder verfügbar sind, ist ein wahrer Balanceakt und die „Balancierer" karren die Räder ununterbrochen auf Anhängern durch die Stadt.

CITI BIKE STATION

UNIVERSITY PLACE

STOLZER PREIS

UNIVERSITY PLACE

Die japanischen Touristen Chisa und Hiroki Niwa bekamen einen Schock, als der Rikscha-Fahrer (Fahrradtaxi) sie nach 20-minütiger Fahrt am University Place absetzte. Der normale Preis für die 39-Block-Fahrt liegt bei 50 US$, der gerissene Fahrer wollte aber 720 US$ (640 €) haben!

HAFENRUNDFAHRT

Wie wär's mit einer Bootsfahrt entlang der Küste New Yorks? Die Tour geht vorbei an alten Schiffswracks, verschollenen Goldschätzen, verschiedenen Schiffsarten (inkl. einem Raumschiff) und Salzwassergeheimnissen. Sie endet bei der prächtigsten Lady der USA.

Suche: HUDSON RIVER

507 KM LANG
ist der Hudson River.

MUH-HE-KUN-NE-TUK
Die Irokesen, ein Stamm amerikanischer Ureinwohner, nannten den Hudson River Muh-he-kun-ne-tuk, was so viel bedeutet wie „das Wasser, das in beide Richtungen fließt": Wenn Flut ist, dann fließt das Wasser des Hudson auch flussaufwärts.

START

HUDSON-INFOS

HUDSON RIVER

Der Hudson River erhielt seinen Namen nach Henry Hudson, einem Engländer, der 1609 hier eintraf. In richtig kalten Wintern friert der Hudson zu und 1821 eröffneten geschäftstüchtige New Yorker Kurzzeit-Pubs auf dem Eis. Alljährlich finden auf dem Hudson Wettbewerbe von Schleppschiffen statt. Um herauszufinden, welches Schiff am stärksten ist, versuchen sie, sich Bug-an-Bug oder Heck-an-Heck wegzuschieben. Für die Zuschauer an Land wird ein beliebtes Spinat-Wettessen veranstaltet.

EINST WURDE EINE DER KANONEN DER *HMS HUSSAR* GEFUNDEN UND 1865 DEM CENTRAL PARK GESCHENKT. ARBEITER, DIE SIE 2013, ALSO 148 JAHRE SPÄTER, REINIGTEN, STELLTEN FEST, DASS SIE MIT SCHIESSPULVER UND EINER KANONENKUGEL GELADEN UND SCHUSSBEREIT WAR!

SCHIFFSFRIEDHOF

HELL'S GATE

In der schmalen Gezeitenmeerenge zwischen Queens und Manhattan gibt's gefährliche Strömungen, die sich über die Jahrhunderte für viele Schiffe als tödlich erwiesen. Zu den vielen Schiffswracks zählt auch das britische Schiff *HMS Hussar*, das 1780 hier sank. Es soll jede Menge Gold an Bord gehabt haben! Wenn das stimmt, wartet es noch darauf, gefunden zu werden …

HELL'S GATE

RAUMSCHIFFE IN DER CITY

INTREPID SEA, AIR & SPACE MUSEUM

In New York kannst du dir Düsenjäger, Spionageflugzeuge, ein Raketen-U-Boot, einen riesigen Flugzeugträger und sogar ein paar Raumschiffe anschauen! Sie gehören zu der spannenden Sammlung des Intrepid Sea, Air & Space Museum am Pier 86. Auch die Raumfähre *Enterprise* ist hier zu sehen. 2012 wurde sie per Schiff an der Freiheitsstatue vorbei ins Museum gebracht.

SCHIFFSMUSEUM

SOUTH STREET SEAPORT

Hier sind acht Schiffe ausgestellt, darunter auch ein Feuerschiff, das früher Booten half, die heimtückischen Sandbänke zu umfahren, an denen viele Schiffe in der New York Bay auf Grund liefen. Außerdem kannst du hier u. a. einen kräftigen Schlepper mit Dampfantrieb, einen schönen Fischerei-Schoner, ein grandioses, altes Segelschiff aus Eisen und einen wunderschönen Viermaster namens *Peking* bewundern. Er spielte 1929 die Hauptrolle in *Around Cape Horn*, einem Film über die Umrundung von Südamerikas stürmischer Südspitze.

ELEFANTENSICHERE BRÜCKE

BROOKLYN BRIDGE

Als die Brooklyn Bridge 1883 eröffnet wurde, war sie die längste Brücke der Welt. Die Einheimischen machten sich Sorgen: Würde sie auch halten? Ein paar Tage nach der Eröffnung fiel eine Frau ein paar Stufen runter, irgendjemand schrie und schon bald war jeder auf der Brücke in Panik. Alle dachten, sie würde einstürzen. Es kam zu einem verhängnisvollen Gedränge – eine Tragödie, in der zwölf Menschen starben. Im darauffolgenden Jahr führte der Zirkusdirektor P. T. Barnum 21 Elefanten über die Brücke, um zu beweisen, dass sie wirklich hält. Tatsächlich würde sie nicht mal unter dem Gewicht von Tausenden Elefanten einstürzen.

41 M IST IHRE HÖHE IN DER MITTE

4 HAUPTKABEL GIBT ES.

1825,4 M IST SIE LANG.

BROOKLYN BRIDGE

STINKIGES BAD

GOWANUS CANAL

GOWANUS CANAL

Dieser Kanalabschnitt in South Brooklyn soll der schmutzigste Wasserweg der USA sein. 2015 nahm der Umweltschützer Chris Swain hier ein Bad, um auf das Problem aufmerksam zu machen. Als er rauskam, musste er mit Bleichmitteln entgiftet werden. Er sagte, dass es sich angefühlt habe wie ein Bad „in schmutzigen Windeln“. 2020 hat die Reinigung des Kanals begonnen, aber es wird nicht leicht werden. Auf dem Grund befindet sich eine über 3 Meter dicke Schicht giftiger Ablagerungen. Die New Yorker nennen das „schwarze Mayonnaise“.

HERRIN DES LICHTS

ROBBINS REEF LIGHT

Der Leuchtturm Robbins Reef Light steht draußen im Wasser zwischen Manhattan Island und Staten Island. Als Katherine Walkers Ehemann 1886 starb, wurde sie hier Leuchtturmwärterin. Und die nur 1,47 m große Frau machte einen hervorragenden Job, bis sie mit 73 Jahren in Rente ging. Sie sorgte dafür, dass der Leuchtturm stets leuchtete und rettete mit ihrem Beiboot viele Seeleute, die an dem nahegelegenen Riff Schiffbruch erlitten. Einmal rettete sie sogar einen kleinen Hund – die Lebensgeister des Tieres weckte sie mit Kaffee.

BEVOR ES AUTOS GAB, BEFÖRDERTE DIE STATEN ISLAND FERRY PFERDE UND MENSCHEN AUF DIE INSEL UND WIEDER ZURÜCK.

FÄHRE ZU DEN MATROSEN

STATEN ISLAND

Nach Staten Island kommt man nur über die Brücke in Brooklyn oder an Bord der kostenlosen Fähre, die in Lower Manhattan losschippert. Etwa 65 000 Fahrgäste benutzen die Fähre jeden Tag. Auf Staten Island angekommen, ist das Ziel vieler Besucher der Sailors' Snug Harbor am Nordufer. Das heutige Kulturzentrum mit ruhigen Gärten war früher ein Heim für „alte, schwache und abgekämpfte" Matrosen. Allzu schwach waren sie aber nicht, denn sie hatten den Ruf, sich gern zu prügeln, wenn sie betrunken waren!

FREIHEITS-
STATUE

LADY LIBERTY

FREIHEITSSTATUE

Die Lady steht stolz im New York Harbor und wurde zum Symbol für Demokratie. Die Freiheitsstatue ist Amerikas weltberühmte First Lady der Freiheit. Ihr vollständiger Name ist eigentlich *Liberty Enlightening the World*. Frankreich hat sie 1886 den USA geschenkt. Sie stellt Libertas, die römische Göttin der Freiheit, dar.

DAS IST MEINE MAMA!

Lady Liberty ist ein Werk des französischen Bildhauers Frédéric Bartholdi, der ihr Gesicht anscheinend nach dem seiner Mutter modelliert hat. Die Statue besteht aus über 300 Teilen, die von Frankreich per Schiff nach New York gebracht und hier zusammengesetzt wurden. Aber die schöne Lady Liberty benötigte auf dem Weg nach New York die Hilfe der Glücksgöttin Lady Luck, denn das Schiff, das sie transportierte, wäre beinahe in einem Sturm gesunken.

ICH BIN ONLINE

Die sieben Strahlen der Krone symbolisieren die sieben Meere und die sieben Kontinente der Erde. Die Krone hat 25 Fenster, und wenn du es nicht schaffst, aus einem von ihnen zu schauen, dann geh einfach online – in der Krone und auch in der Fackel befindet sich eine Webcam.

BEI WIND UND WETTER

Die Kupferhaut der Statue schützt ihr inneres Eisengerüst und trägt dazu bei, dass die salzhaltige Luft ihr nichts anhaben kann. Lady Liberty muss auch mit schlechtem Wetter klarkommen. Als der Hurrikan Sandy 2012 in NY wütete, war Liberty Island, wo sie steht, überflutet, aber der robusten Statue machte das nichts aus.

93 M BETRÄGT DIE HÖHE MIT SOCKEL.

2,4 M LANG IST DER ZEIGEFINGER.

7,62 M LANG IST DIE SANDALE.

154 STUFEN GIBT ES IN DER STATUE.

WER WEISS ES?

JEDER KANN SEHEN, DASS DIE STATUE EINE FACKEL UND EINE TAFEL IN DER HAND HAT (AUF DER IN RÖMISCHEN ZIFFERN DAS DATUM DER AMERIKANISCHEN UNABHÄNGIGKEIT EINGEMEISSELT IST). EINE SPANNENDE QUIZ-FRAGE IST ABER, WAS SIE AN IHREM FUSS HAT. DAS IST SEHR VIEL SCHWERER ZU ERKENNEN, DENN ES WIRD ZUM TEIL VON IHRER ROBE BEDECKT. ES IST EINE ZERBROCHENE KETTE, DIE DIE ABSCHAFFUNG DER SKLAVEREI SYMBOLISIEREN SOLL.

EIN GRUSELFEST

Jede Stadt mit Vergangenheit hat ein paar Geister. In Amerika soll New York die Stadt mit den meisten Geistern sein! Kein Wunder also, dass hier der Film *Ghostbusters – Die Geisterjäger* gedreht wurde. Bist du mutig genug für eine Gespenstertour?

MANHATTANS GESPENSTISCHSTER ORT

MERCHANT'S HOUSE MUSEUM

Das Merchant's House ist jetzt ein Museum, früher galt es als das „gespenstischste Haus Manhattans". Hier lebte die Familie Tredwell, und Gertrude Tredwell, die 1933 hier starb, hält noch immer ein wachsames Auge auf diesen Ort. Besucher und Museumsangestellte wissen von mysteriöser Klaviermusik, Lichtsignalen und unerklärlichen Düften zu berichten, ja sogar eine Frau in langem Kleid wurde schon gesichtet. Tatsächlich macht also jemand den Geruch für den Spuk verantwortlich? Das klingt nach einer tollen neuen Entschuldigung für stinkende Socken!

IM MERCHANT'S HOUSE MUSEUM SOLL ES SECHS BIS ZWÖLF MAL IM JAHR SPUKEN.

DER BAUM DER GEHÄNGTEN

WASHINGTON SQUARE PARK

Der „Hangman's Elm" ist über 330 Jahre alt und somit der älteste Baum in Manhattan. Laut einer Legende wurden an ihm Wegelagerer aufgehängt und während des Amerikanischen Unabhängigkeitskriegs Verräter hingerichtet – Beweise gibt's dafür aber nicht. Sicher ist, dass der Park früher ein Armenfriedhof war. Es heißt, dass hier noch immer die Überreste von 20 000 Menschen liegen.

START

MERCHANT'S HOUSE MUSEUM

WASHINGTON SQUARE PARK

WEST 10TH STREET

ÜBERVOLLES HAUS

14 WEST 10TH STREET

„Haus der Toten" lautet der Spitzname des schönen Gebäudes in 14 West 10th Street. Hier sollen nicht weniger als 22 ehemalige Bewohner ihr Unwesen treiben, darunter der Schriftsteller Sam Clemens alias Mark Twain. Eine Mutter und ihre Tochter, die hier in den 1930er-Jahren lebten, behaupteten, ihn am Fenster sitzend gesehen zu haben. Er soll gesagt haben: „Ich heiße Clemens und es gibt hier Probleme, die ich lösen muss". Dann sei er verschwunden.

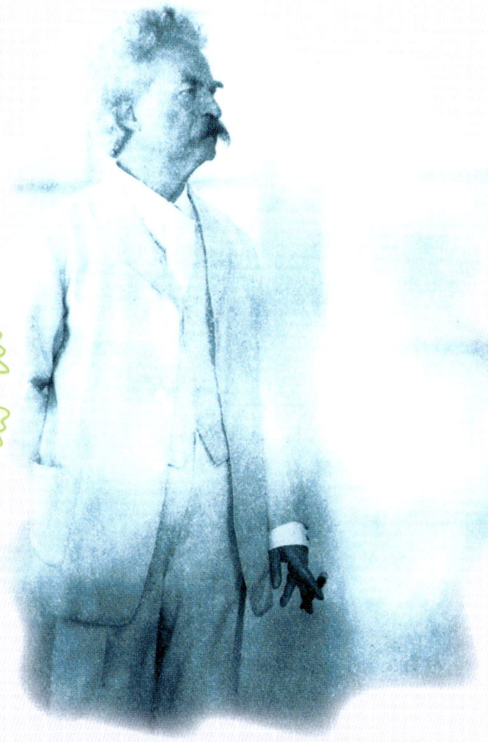

GESPENSTISCHES LOKAL

ONE IF BY LAND, TWO IF BY SEA RESTAURANT, BARROW STREET

Dieses Restaurant befindet sich in einem Haus, das früher dem US-Vizepräsidenten Aaron Burr (1756-1836) gehörte. Er und seine Tochter sollen hier zusammen mit bis zu 18 anderen Wesen aus den verschiedenen Epochen herumgeistern. Es sind schon eigenartige Sachen passiert wie fliegende Teller und Stühle, die den Gästen unterm Po weggezogen wurden. Es wird oft als New Yorks romantischstes Restaurant beschrieben, also genau das Richtige für ein spannendes Date!

AARON BURR IST EIN VIELBESCHÄFTIGTER GEIST. ER WURDE AUCH SCHON IN DER MORRIS-JUMEL MANSION, WO ER EINST WOHNTE, GESICHTET.

BARROW STREET

GESPENSTISCHER SCOTTIE

GRAND CENTRAL TERMINAL

Tief unter dem Grand Central Terminal versteckt sich ein Bahnsteig mit einem Aufzug ins darüber liegende Hotel Waldorf-Astoria. Er wurde von Präsident Franklin D. Roosevelt benutzt, der sich so gelegentlich zu vertraulichen Treffen unbemerkt hinein- und wieder herausschleichen konnte. Sein Scottish Terrier Fala soll übrigens auf den Gleisen 112 und 113 sein Unwesen treiben.

GRAND CENTRAL TERMINAL

MORRIS-JUMEL MANSION

ANPFIFF VOM GEIST

MORRIS-JUMEL MANSION

1964 wartete eine lärmende Gruppe von Schulkindern darauf, in die Morris-Jumel Mansion eingelassen zu werden. Plötzlich rief eine Frau vom Balkon herunter, dass sie ruhig sein sollten. Die Schüler berichteten dem Museumsdirektor davon. Der behauptete aber, dass das Haus nicht bewohnt sei. Später sahen die Kinder ein Portrait von Eliza Jumel, die 1865 gestorben ist, und erkannten sie als die Frau auf dem Balkon wieder ... buuh, gruselig!

WEITERE IN DER MORRIS-JUMEL MANSION GESICHTETE GEISTER SIND EIN SOLDAT, EIN DIENSTMÄDCHEN UND ELIZA JUMELS ZWEITER EHEMANN AARON BURR (DER IST SCHON AN ANDERER STELLE ALS GEIST AUFGETAUCHT!).

ÜBERALL KÜRBISSE

NEW YORK BOTANICAL GARDEN

Wenn Orangen-Zombies, Fledermäuse und Käfer im New York Botanical Garden auftauchen, dann steht Halloween vor der Tür. Der Haunted Pumpkin Garden ist von Ende September bis Ende Oktober geöffnet. Dann kann man hier viele aus Kürbissen geschnitzte gruselige Kunstwerke bestaunen, die alle von erfahrenen Bildhauern hergestellt wurden.

DER GRÖSSTE JE IN NORDAMERIKA GEZÜCHTETE KÜRBIS WOG 933,5 KG. ER WURDE IM OKTOBER 2014 IM NEW YORK BOTANICAL GARDEN AUSGESTELLT.

Suche: KÜRBISSCHNITZEREIEN

ALTE TRADITION

Die Tradition, zu Halloween Kürbisköpfe zu schnitzen, stammt aus Irland. Kinder höhlten Rüben und Kartoffeln aus und stellten brennende Kerzen hinein. Das war Teil eines religiösen Fests der Kelten. Später brachten irische Einwanderer diese Sitte dann mit in die Kürbis-Heimat Amerika.

GEISTER IN DOWNTOWN

WOODLAWN CEMETERY

Der Schriftsteller Mark Twain und die Stummfilm-Schauspielerin Olive Thomas sind zwar auf dem prächtigen Woodlawn Cemetery beerdigt, wie es scheint unternehmen ihre Geister aber gern einen Ausflug nach Downtown. Mark Twain wurde in seinem alten Haus in Manhattan gesehen und die schöne Olive sogar mehrfach im New Amsterdam Theater. Sie trägt ein grünes Kleid und hält eine blaue Flasche mit Medizin in der Hand. 1920 hat sie diese Medizin versehentlich getrunken und sich so selbst vergiftet.

AUF DIE PLÄTZE

Mit Top-Mannschaften in vielen wichtigen Sportarten und mit einigen der besten Austragungsorten der Welt hat New York für jeden Sportfan etwas zu bieten. Also Sneakers an, losjoggen und gewinnen!

MIT IHREN BASEBALL-KÖPFEN SIND MR UND MRS MET DIE MASKOTTCHEN DER NEW YORK METS. DIE NEW YORK JETS UND DIE YANKEES HABEN – WELCHE SCHANDE – GAR KEINE MASKOTTCHEN.

STATEN ISLAND

CONEY ISLAND

START

GANZ SCHÖN SPORTLICH

STATEN ISLAND

Am ersten Sonntag im November treffen sich zehntausende Läufer, Rennrollstuhlfahrer und Handradfahrer im Fort Wadsworth zum New York Marathon. Das erste Rennen fand 1970 im Central Park statt und nur 55 Personen kamen ins Ziel. Heute führt der Marathon durch alle fünf Stadtbezirke und 2019 erreichten 53.627 Läuferinnen und Läufer die Ziellinie.

DER MARATHONLÄUFER DAVID BABCOCK STRICKT BEIM LAUFEN SCHALS UND SAMMELT SO GELD FÜR WOHLTÄTIGE ZWECKE. WÄHREND DES NEW YORKER LAUFS IM JAHRE 2014 STRICKTE ER EINEN SCHAL MIT DEN FINGERN (NADELN WAREN NICHT ERLAUBT). MIT EINEM SCHAL VON ÜBER 3,65 M HÄLT ER DEN WELTREKORD IM MARATHON-SCHAL-STRICKEN!

HOTDOG-MASKOTTCHEN

CONEY ISLAND

Das Maskottchen Sandy the Seagull (Möwe) begrüßt die Fans im Maimonides Park, dem Heimatstadion der Brooklyn Cyclones, einer Baseballmannschaft der B-Liga. Bei jedem Spiel tritt auch die Tanztruppe Beach Bums auf. Außerdem veranstalten Ketchup, Mustard und Relish, die drei Hotdog-Maskottchen, ein Rennen um das Spielfeld.

SCHULE FÜR SUPERHELDEN

STREB LAB FOR ACTION MECHANICS (SLAM), BROOKLYN

Kannst du dir das vorstellen? Eine Schule, in der man lernt, durch die Luft zu fliegen und Wände hoch zu laufen! Im von der Tänzerin Elizabeth Streb gegründeten SLAM werden junge Draufgänger in den Fächern Tanz, Freerunning, Trapez und Zirkusakrobatik unterrichtet. Hier wird man fit und lernt, wie man seine Muskeln richtig einsetzt. Außerdem ist es ein großartiges Sport- und Tanztraining.

BROOKLYN

LOWER BROADWAY

IM CANYON DER HELDEN

CANYON OF HEROES, LOWER BROADWAY

Die Stadt New York ehrt ihre Sportstars gern mit einer traditionellen „Ticker-Tape-Parade". Wenn die Sportler durch den „Canyon of Heroes", einen Abschnitt des Lower Broadway, ziehen und ihren Erfolg feiern, regnet es Ticker Tapes (Lochstreifen). Die amerikanischen Fußballerinnen waren die erste Frauenmannschaft, die nach dem Sieg bei der WM 2015 mit einer solchen Parade geehrt wurde. Lochstreifen wurden früher von altmodischen Fernschreibern erzeugt. Heute benutzt man bei der Parade Konfetti, aber der Name ist geblieben.

Suche: TICKER-TAPE-PARADEN

STARS

Ticker-Tape-Paraden gab's nicht nur für Sportstars, sondern auch für die

FREIHEITSSTATUE
im Jahr 1886,

SOLDATEN AM V-J DAY,
dem Ende des
des Zweiten Weltkriegs 1945,

ASTRONAUTEN
von Apollo 11 im Jahr 1969.

MADISON SQUARE GARDEN

GRAND CENTRAL TERMINAL

COOLER BODEN

MADISON SQUARE GARDEN

Der Garden ist die Heimat des Basketballteams NY Knicks und des Eishockeyteams NY Rangers. Zwischen der Eisfläche und dem Basketballplatz befindet sich eine Isolierung, sodass es möglich ist, dort am gleichen Tag ein Basketball- und ein Eishockeyspiel auszutragen. Die Umkleideräume sind rund, um den Teamgeist zu fördern. So können sich die Spieler in die Augen schauen. Aus Respekt betritt niemand das große Team-Logo auf dem Fußboden des Umkleideraums.

38 066 LITER WASSER WERDEN FÜR DIE HERSTELLUNG UND DEN ERHALT DER EISFLÄCHE BENÖTIGT.

SQUASH IN ALLER ÖFFENTLICHKEIT

GRAND CENTRAL TERMINAL

Jedes Jahr im Januar wird ein riesiger Squashcourt aus Glas unter dem prächtigen Kronleuchter in der Vanderbilt Hall, Grand Central Terminal, aufgebaut. Dort findet das alljährliche *Tournament of Champions* statt. Die Zuschauer sind nur 3 m von der Action entfernt und können zusehen, wie die Bälle mit einer Geschwindigkeit von bis zu 270 km/h in dem Glaskasten auf sie zufliegen.

DAS ARTHUR ASHE STADIUM IST DAS GRÖSSTE TENNISSTADION DER WELT.

BUNTE TENNISPLÄTZE

ARTHUR ASHE STADIUM

Das Arthur Ashe Stadium gehört zum Billie Jean King National Tennis Center, in dem das US Open Grand Slam Turnier stattfindet. Es verdankt seinen Namen dem ersten afro-amerikanischen Sieger der US Open. Das bisher grüne Kunstgras auf dem Platz wurde 2005 ausgetauscht und ist jetzt blau. Denn Gelb ist auf Blau leichter zu sehen als auf Grün. Jetzt können sowohl die Spieler als auch die Fernsehzuschauer die gelben Tennisbälle besser erkennen.

ARTHUR ASHE STADIUM

BROOKLYN AND MANHATTAN

LOS, MÄDELS!

BROOKLYN UND MANHATTAN

Hast du schon mal ein Roller Derby gesehen? Das ist eine aufregende, laute Angelegenheit. Die beste Action wird in NY geboten, wo die Gotham Girls Frauenliga ihren Sitz hat. Die Teams tragen Namen wie Queens of Pain, Brooklyn Bombshells, Manhattan Mayhem, Bronx Gridlock, Wall Street Traitors und Grand Central Terminators. Junge Nachwuchs-Rollergirls können schon ab 8 Jahren mit dem Training beginnen.

ROLLER-DERBY-REGELN: ZWEI TEAMS RASEN IM KREIS HERUM. JEDES TEAM HAT EINEN „JAMMER" – DER SAMMELT PUNKTE, INDEM ER GEGNER ÜBERHOLT. DIE MITSPIELER MACHEN IHM DEN WEG FREI ODER VERSUCHEN, DAS GEGNERISCHE TEAM ZU BLOCKIEREN.

EDELSTEIN IN DER BRONX

YANKEE STADIUM

Die New York Yankees sind ein New Yorker Major-League-Baseball-Team. Bis 2009 spielten sie im weltberühmten Yankee Stadium, zogen dann aber aus dem Original in eine neue Location auf der gegenüberliegenden Straßenseite um. Das neue Stadion kostete 2,3 Mrd. US$ (rund 2 Mrd. €) und war eine Zeit lang die teuerste Sportstätte, die je gebaut wurde.

DIE BRONX BOMBERS

Die New York Yankees waren nicht immer in New York, und sie hießen auch nicht immer Yankees. Die Mannschaft wurde 1901 in Baltimore, Maryland, unter dem Namen Baltimore Orioles ins Leben gerufen. 1903 zogen sie als die New York Highlanders nach New York um und wurden 1913 dann die Yankees. Den Spitznamen „Bronx Bombers" erhielten sie wegen der Schlagkraft ihrer Spieler. Die Mannschaft hatte jede Menge berühmte Spieler, z. B. Babe Ruth, Joe DiMaggio, Mickey Mantle und Lou Gehrig.

EINE NEUE ÄRA

Das Originalstadion von 1923 hatte den Spitznamen „The House That Ruth Built" – nach dem legendären Spieler Babe Ruth. Als er 1948 starb, wurde er dort aufgebahrt und über 100 000 Fans kamen, um von ihm Abschied zu nehmen. Das neue Stadion wurde getauft auf den Namen „The House That Jeter Built" nach Derek Jeter, dem besten Schlagmann aller Zeiten – er ging 2014 in den Ruhestand.

2,3 MRD. US$ (2 MRD €) WAR DAS YANKEES-TEAM 2013 WERT

1 MIO. HOTDOGS WERDEN PRO JAHR SCHÄTZUNGSWEISE IM STADION VERKAUFT

1 TOILETTE FÜR JE **60** FANS

JUBELN UND JOHLEN

DIE „BLEACHER CREATURES" SIND EINE GRUPPE LAUTER UND TREUER FANS, DIE DER GEGNERISCHEN MANNSCHAFT FURCHT EINFLÖSSEN. SIE RUFEN SO LANGE DIE NAMEN DER SPIELER DER YANKEES AUF, BIS JEDER EINZELNE GEANTWORTET HAT. DER NEUE SPIELER HIDEKO MATSUI KANNTE DIESE SITTE NICHT, SODASS SEIN NAME ZWEI MINUTEN LANG AUFGERUFEN WERDEN MUSSTE, BEVOR ER ANTWORTETE.

HOME-RUN-RÄTSEL

In einem Baseballspiel versuchen die Mannschaften Punkte zu erzielen. Ein Ball wird abgeschlagen und dann werden Eckmarkierungen abgerannt, wobei die Gegner versuchen, dies zu verhindern. Im alten Stadion der Yankees gab es viel mehr Home Runs (wenn der Schlagmann in einem Spiel um alle Eckmarkierungen rennen kann, weil der Ball außerhalb der Spielfeldbegrenzung landet). Den Grund dafür sahen manche in den relativ spitzen Winkeln der Spielfeldmauern, die einen Windzug verursachen würden, der den Ball über den Zaun befördere. Jetzt gibt es wieder weniger Home Runs, aber der Grund bleibt ein Rätsel.

TOLLER SOUND!

Neben Autohupen, Sirenen und Geklapper von Absätzen auf Bürgersteigen hat die Stadt noch jede Menge ungewöhnliche Geräusche zu bieten. Los geht's und die Ohren auf Empfang für die Geräuschkulisse der Stadt!

START

CARNEGIE HALL

HIP-HOP-LOCATION

KOOL HERC'S HOUSE

1973 begann der Teenager Kool Herc in dem Gemeinschaftsraum eines Hochhauses in der Bronx Partys zu veranstalten. Er benutzte zwei Plattenspieler, um die Beats zu verlängern. Das war sozusagen die Geburt des Hip Hop! Viele andere Sound-Maker folgten Kools kreativem Vorbild und noch heute kann man hier in der Gegend viel innovative Musik hören, von Latin und Afro-Cuban bis hin zu Rap und Beatboxing.

KOOL HERC'S HOUSE

MAESTRO, MUSIK BITTE!

CARNEGIE HALL

Viele große Musiker und Dirigenten standen in dieser legendären Konzerthalle schon auf der Bühne. Auch Dr. Martin Luther King, der berühmte Aktivist, der ab Mitte der 1950er-Jahre die amerikanische Bürgerrechtsbewegung anführte, hielt hier 1968 eine Rede. Als um 1960 der Bau eines Wolkenkratzers an dieser Stelle geplant war, wäre das Gebäude fast verschwunden. Aber abgesehen von Aufführungen gibt es in der Carnegie Hall immer und immer wieder auch noch etwas anderes zu hören – nämlich New Yorks berühmtesten Witz: „Wie kommt man zur Carnegie Hall? Üben, üben, üben!".

MUSIK GEGEN STURM

JANE'S CAROUSEL

Das wunderschöne alte Karussell wurde vor fast 100 Jahren gebaut und dreht sich heute im Brooklyn Bridge Park. Wenn die Fahrt losgeht, läutet eine Glocke und die Klänge von Jahrmarktsorgel und -trommel begleiten die stolzen Pferde auf ihren Runden. Heute ist das Karussell von einem Glaskasten umgeben – so konnte es 2012 den in Brooklyn tobenden Hurrikan Sandy überstehen. Damals ging ein gespenstisches Foto um die Welt – darauf war zu sehen, wie der East River gegen den Glaskasten mit dem beleuchteten Karussell im Inneren schwappte. Das Karussell hat überlebt und dreht sich immer noch.

JANE'S CAROUSEL HAT 48 WUNDERSCHÖNE, HANDGESCHNITZTE PFERDE.

LIEDER UND GLOCKEN

DELACORTE CLOCK

Wusstest du, dass es im Central Park eine Ecke gibt, an der ein Nilpferd Geige und ein Pinguin Schlagzeug spielen? Es sind Figuren der musikalischen Delacorte Clock im Central Park Zoo. Wenn die Glocken läuten, erklingen Kinderlieder, nach denen die beiden dann tanzen – zusammen mit einem Bären, der Tamburin spielt, einer Känguru-Mama, die auf einem Horn bläst (ihre Kinder spielen auf einem Mini-Horn), einer Ziege, die auf einer Pfeife trillert und einem Elefanten, der auf einem Akkordeon klimpert!

TROMMELSESSIONS

DRUMMER'S GROVE, PROSPECT PARK

1968 begann eine Gruppe von Trommlern, sich regelmäßig zu treffen und afrikanische Trommelmusik zu spielen. Schon bald gesellten sich andere Musiker und auch Tänzer dazu und schließlich entstand der Drummer's Grove. Sonntagnachmittags gibt's Trommel-Sessions und es werden sogar Stühle für Zuhörer aufgestellt. Bei diesen Sessions kann man nun schon seit über 40 Jahren zuhören.

VIEL SPASS MIT MEINER MUSIK

555 EDGECOMBE AVENUE

Seit über 20 Jahren veranstaltet Marjorie Eliot sonntags Jazz-Sessions in ihrer Wohnung in Harlem. Sie stellt Stühle in ihre Küche, in die Diele und ins Wohnzimmer und jeder ist willkommen – ohne Eintritt. Das Haus, in dem sie wohnt, ist von Musik erfüllt. Berühmte Sänger und Jazzmusiker haben hier gewohnt. Musik liegt hier einfach im Mauerwerk!

Suche: DRUMMER'S GROVE

LAUTER KRACH!

Etwa 400 Trommler treffen sich jeden Sonntag im Drummer's Grove. Laut offizieller Genehmigung müssen sie um 19 Uhr aufhören zu trommeln, damit die Ruhe der Anwohner nicht zu sehr gestört wird.

7 IST DAS DURCHSCHNITTSALTER, IN DEM **MET-MUSIKER** BEGINNEN, EIN INSTRUMENT ZU SPIELEN

9 IST DAS DURCHSCHNITTSALTER, IN DEM **MET-MUSIKER** SICH FÜR IHR INSTRUMENT **ENTSCHEIDEN**

METROPOLITAN OPERA HOUSE

MAGISCHE MET

METROPOLITAN OPERA HOUSE

Mit 3 800 Hi-Tech-Sitzen ist die Met eines der größten Opernhäuser der Welt. Die Rückseite einer jeden Sitzlehne ist mit einem Bildschirm ausgestattet. Darauf kannst du den Text der Oper in deiner Sprache lesen, falls du die Originalsprache nicht verstehst. Die Met hat ihr eigenes, hoch angesehenes Orchester. Schau dir die Zahlen (oben) an, vielleicht bestärken sie dich ja in deinem Vorhaben, ein Musikinstrument zu erlernen. Also, los geht's!

DIE NAMEN DER GLOCKEN

ST. PATRICK'S CATHEDRAL

Jede der 19 Glocken in der St. Patrick's Cathedral trägt den Namen eines katholischen Heiligen. Sie heißen unter anderem Bridget und Peter, Joseph und Michael, Agnes und Helena, Alphonsus und Elizabeth. Patrick ist die schwerste Glocke und Godfrey die kleinste. Früher gab es Glöckner. Heute werden die Glocken durch eine elektrische Tastatur in Betrieb gesetzt. Alle Glocken sind unterschiedlich und jede erzeugt einen anderen Ton.

ST. PATRICK'S CATHEDRAL

KUNST IM BIG APPLE

In New York ist Kunst allgegenwärtig und in stetigem Wandel. Kreative Inspirationen bekommt man fast an jeder Ecke und man weiß nie, was als Nächstes kommt. Wie wär's mit einer Tour zu ein paar Kunsthighlights?

MODERNE MEISTER

MUSEUM OF MODERN ART

Das Museum of Modern Art (MoMA) gehört zu den bekanntesten Museen der Welt. Es ist vollgestopft mit Gemälden der berühmtesten Künstler der Moderne. Hier kannst du unter anderem Werke von Picasso, Dali, Matisse, Monet, Van Gogh und Warhol bewundern.

MOMA

ÜBER
200 000 KUNSTWERKE

22 000 ORIGINALFILME

3 MILLIONEN **BÜCHER**

SCHATZ, ICH HASSE ES!

ZU DEN GRÜNDERN DES MOMA GEHÖRTE ABBY ALDRICH ROCKEFELLER, DIE FRAU VON JOHN D. ROCKEFELLER JR. OBWOHL ER RICHTIG REICH WAR, MUSSTE ABBY DAS GELD FÜR DAS MUSEUM SELBST AUFBRINGEN – IHR MANN HASSTE MODERNE KUNST NÄMLICH. BEI DER ERÖFFNUNG 1929 HATTE DAS MUSEUM NUR SECHS RÄUME MIT NEUN KUNSTWERKEN, DIE ABBY ALLE GESCHENKT BEKOMMEN HATTE.

WIRKLICH TEUER

Flag, ein im MoMA zu sehendes Kunstwerk von Jasper Johns, soll mit einem Wert von rund 118 Mio. US$ (105 Mio. €) lange Zeit das drittteuerste Gemälde gewesen sein, das weltweit ausgestellt wurde. Mittlerweile bewegen sich die Preise für Gemälde aber in anderen Dimensionen: Leonardo da Vincis *Salvator Mundi* wurde 2017 für 450,3 Mio. US$ (rund 430 Mio. €) verkauft.

VERLORENE SEEROSEN

1958 entfachten Arbeiter, die eine Klimaanlage im zweiten Stockwerk installieren sollten, versehentlich ein Feuer. Die meisten Gemälde konnten in Sicherheit gebracht werden, aber das riesige *Seerosen*-Gemälde von Monet konnte man nicht retten, es war einfach zu groß. Es wurde so stark beschädigt, dass man es nicht mehr restaurieren konnte– ein großer Verlust für die Kunstwelt!

ICH BIN DIE KUNST

2010 saß die Performance-Künstlerin Marina Abramovic im MoMA 750 Stunden lang schweigend auf einem Stuhl. Ihre Kunst- Performance nannte sie *The Artist is Present.* Auf einem Stuhl ihr gegenüber konnten Besucher Platz nehmen. Sie standen stundenlang Schlange, um sie anstarren zu können!

BABYTAG IM MUSEUM!

WHITNEY MUSEUM OF AMERICAN ART

Mit über 21 000 Arbeiten von 3 000 US-Künstlern ist das Whitney *die* Galerie für moderne amerikanische Kunst in den USA. Sie ist also vollgestopft mit Schätzen, bietet aber auch Spaß für jedermann. Samstags können Familien zusammen Bilder malen, selbst für Knirpse wird was geboten. Auch gibt es „Kinderwagentouren“ – dann ist die Galerie für alle anderen geschlossen, sodass die Kleinen richtig losheulen können, während die Eltern Kunst bewundern!

WHITNEY MUSEUM OF AMERICAN ART

WORLD TRADE CENTER

LEUCHTENDE EHRERBIETUNG

WORLD TRADE CENTER

Am 11. September jeden Jahres strahlen bei Einbruch der Dämmerung zwei kräftige, blaue Lichtsäulen 6,5 km in den Himmel, um der Terroranschläge auf das World Trade Center 2001 zu gedenken. Die Kunstinstallation *Tribute in Light* besteht aus 88 starken Scheinwerfern, die die Form der Twin Towers nachbilden. In klaren Nächten sind die Lichtsäulen über 100 km weit zu sehen.

DIE GENERATOREN, DIE *TRIBUTE IN LIGHT* MIT ENERGIE VERSORGEN, WERDEN MIT BIODIESEL AUS SPEISEÖL BETRIEBEN, DAS IN DEN HIESIGEN RESTAURANTS GESAMMELT WIRD.

KLINGENDES GEBÄUDE

BATTERY MARITIME BUILDING

2008 verwandelte der Musiker David Byrne das Battery Maritime Building in ein gigantisches Musikinstrument, und die Besucher konnten das Gebäude als Sound-Skulptur benutzen! An einem alten Harmonium befestigte Schläuche bliesen Luft in die Rohre, die so zum Tuten und Pfeifen gebracht wurden. Außerdem schlugen Hämmer gegen Säulen und Motoren vibrierten an Trägern. Der so erzeugte Sound war wirklich ziemlich schaurig.

BATTERY MARITIME BUILDING

DAG HAMMARSKJÖLD PLAZA

KUNST BEFÜLLEN

DAG HAMMARSKJÖLD PLAZA

Outdoor-Kunst gibt's überall in New York und sie ändert sich stetig. 2015 konnte man beispielsweise eine gigantische 2,7 m hohe, durchsichtige Hello Kitty auf der Plaza bestaunen. Der Japaner Sebastian Masuda hatte die Idee, dass die New Yorker seine *Time After Time Capsule* mit Gegenständen füllen. Das Werk sollte eigentlich 2020 bei den Olympischen Spielen in Tokio ausgestellt werden – doch die wurden verschoben.

Suche: KUNST IM FREIEN

KUNST FÜR JEDEN!

Die New Yorker Parkverwaltung veranstaltet Ausstellungen in den städtischen Parks – die Kunst in diesen „Outdoor-Galerien" ist also für jeden Parkbesucher präsent. Es gibt eine erstaunliche Vielzahl von Kunststilen und Materialien zu sehen – von enormen Stahlstrukturen bis hin zu biologisch abbaubaren Kunstwerken, die mit der Zeit zerfallen.

RIESENSCHNECKE

GUGGENHEIM MUSEUM

Das Guggenheim wurde schon mit einem mehrstöckigen Parkhaus, einer Schnecke und einem auf den Kopf gestellten Bienenstock verglichen. Innen führt eine spiralförmige Galerie vom Erdgeschoss bis zum Dach. Anfangs waren die Künstler besorgt, dass sie ihre Gemälde wegen der gebogenen Wände und des ansteigenden Fußbodens nicht gerade aufhängen könnten. Abfall, der bei der Renovierung der Fassade 2007 anfiel, wurde teils zu Schmuck verarbeitet.

700 TONNEN STAHL WURDEN AM GUGGENHEIM VERBAUT.

198 KUBIKMETER GUSSBETON WURDEN IN DEM GEBÄUDE VERARBEITET.

GUGGENHEIM MUSEUM

MUSEUM OF THE CITY OF NEW YORK

KLEINES MEISTERWERK

MUSEUM OF THE CITY OF NEW YORK

Das *Stettheimer Dollhouse* wurde 1945 dem Museum of the City of New York geschenkt. Die Künstlerin Carrie Walter Stettheimer brauchte 25 Jahre für die Fertigstellung dieses Puppenhauses mit Tapeten, klitzekleinen Töpfen und Pfannen und Kristallkronleuchtern. Das wirklich Besondere sind aber die winzigen Gemälde und Skulpturen an den Wänden. Ein paar von Carries Freunden waren berühmte Künstler, von ihnen stammen die Mini-Kunstwerke.

BETONLEINWAND

GRAFFITI HALL OF FAME

Die Outdoor-Galerie wurde in einem Schulhof in East Harlem 1980 von dem Graffiti-Künstler Ray Rodríguez (alias Sting Ray) gegründet. Seither haben sich hier viele bekannte Straßenkünstler verewigt. Jedes Jahr treffen sich junge Talente, um die Mauer neu zu gestalten. Das Ergebnis kann man besichtigen, wenn die Schule geschlossen ist.

HEUTE HIER, MORGEN DORT

ÜBERALL IN DER STADT

2013 kam der weltberühmte Graffiti-Künstler Banksy nach New York und betätigte sich einen Monat lang überall in der Stadt als Künstler. Berichten zufolge war ihm die Polizei auf der Spur, konnte ihn aber nicht schnappen. So gelang es ihm, ganz unterschiedliche Kunst zu hinterlassen, z. B. einen sprayenden Roboter, einen Mann mit Blumenstrauß und ein paar Typen, die Graffiti von einer Wand abwischen.

ES GIBT VIELE THEORIEN DARÜBER, WER BANKSY IST, ABER SEINE IDENTITÄT IST EIN WOHLGEHÜTETES GEHEIMNIS. ER SOLL UM 1974 IN BRISTOL (ENGLAND) GEBOREN SEIN.

SKULPTUREN

Straßenskulpturen sind in New York ziemlich angesagt. Es gibt über 300 Beispiele, die über die ganze Stadt verteilt sind und von dir bewundert werden wollen. Auf dieser Tour erfährst du alles über die berühmtesten

START

DIE SAGENHAFTEN VIER

GROUP OF FOUR TREES, CHASE MANHATTAN PLAZA

Mitten in New Yorks geschäftigem Finanzdistrikt, vor dem Chase Manhattan Building, gibt es einen magischen Wald. Es handelt sich um eine schwarz-weiße Baumskulptur. Die Bäume sehen aus wie ein 3D-Malbuch, wie eine Zeichnung, die lebendig geworden ist. Die Skulptur gilt auch als Symbol für Natur und Kreativität. Schließlich ist an einem Ort, an dem magische Bäume wachsen, ja alles möglich!

CHASE MANHATTAN PLAZA

DER GROSSE BULLE

CHARGING BULL, BOWLING GREEN PARK

Als der grimmig dreinschauende Bulle 1989 vor der New Yorker Börse auftauchte, war so ziemlich jeder überrascht. Der Künstler Arturo Di Modica, der so den finanziellen Optimismus und die Finanzstärke der USA symbolisieren wollte, schenkte ihn der Stadt zu Weihnachten. Die Polizei entfernte ihn, die Öffentlichkeit forderte ihn aber zurück und so fand er nun einen Platz, an dem Touristen ihn bewundern können. Der Bulle ist in der Tat äußerst beliebt, denn es soll Glück bringen, seine Nase zu berühren – vom vielen Anfassen glänzt sie schon ordentlich.

BOWLING GREEN PARK

3,5 M GROSS
4,9 M LANG
3200 KG SCHWER

WUNDERSCHÖNER BALLON

BALLOON FLOWER (RED), 7 WORLD TRADE CENTER

Der New Yorker Superstar und Künstler Jeff Koons schuf die grandiose Skulptur *Balloon Flower (Red)* und stellte sie in einem Springbrunnen auf. Die Skulptur besteht aus rostfreiem Stahl, wirkt aber so, als sei sie aus verdrehten Ballons modelliert. Die New Yorker lieben diese Blume über alles, denn das fröhlich leuchtende Rot bringt Farbe in den dunklen Winter.

COOLER WÜRFEL

ALAMO, ASTOR PLACE

Der gigantische schwarze Stahlwürfel mit einer Kantenlänge von 2,4 m heißt *Alamo* und hat ein außergewöhnliches Merkmal. Man kann ihn langsam um seine Achse drehen. In der Vergangenheit wurde er schon als Zauberwürfel verkleidet; auch einen Stricküberzug erhielt er schon. Es gab sogar eine Pseudo-Dokumentation, in der behauptet wird, dass jemand in dem Würfel wohnt.

EINE FRAGE DER ZEIT

THE METRONOME, UNION SQUARE

Diese unglaubliche Kunstinstallation wurde entworfen, um Menschen zu veranlassen, über die Zeit nachzudenken. Es ist eine verrückte Uhr – sie hat eine Digitalanzeige mit 15 Zahlen und ein Loch, aus dem um 12 Uhr mittags und um 24 Uhr nachts Dampf austritt. Seit 2020 wird die Uhr immer wieder umprogrammiert, um mit unterschiedlichen Angaben und Zählungen auf die Klimakrise aufmerksam zu machen.

WIE LESE ICH DIE NORMALANZEIGE DER UHR

➡ Links geht's los: die Zahlen zeigen die **Stunden**, **Minuten** und **Sekunden** nach Mitternacht an.
➡ Von rechts rückwärts gelesen zeigen die Zahlen die Anzahl der **Stunden**, **Minuten** und **Sekunden** vor Mitternacht an.
➡ Die mittleren Zahlen zählen **Fünftelsekunden**.

UNION SQUARE

PORT AUTHORITY BUS TERMINAL

BEWEGENDE MAGIE

42ND STREET BALLROOM, PORT AUTHORITY BUS TERMINAL

Während du hier auf den Bus wartest, kannst du dir die Zeit damit vertreiben, die 16 Billardkugeln zu beobachten, die in dieser riesigen Box durch Röhren und Schienen trudeln. Das Werk des Bildhauers George Rhoads ist eine „kinetische Skulptur“, das heißt, dass sie sich bewegt. Schaulustige sagen, dass das Beobachten der Kugeln beruhigend wirke. Das kannst du schon mal zu Hause online ausprobieren.

GIRAFFEN FÜR DEN FRIEDEN

PEACE FOUNTAIN, AMSTERDAM AVE.

Ein Brunnen wie kein anderer! Er besteht aus einem gigantischen Krebs, einer Sonne und einem Mond, einer verdrehten Spirale als Sockel, einem Löwen und einem Lamm, einem riesigen Engel, der den Teufel getötet hat ... äh, und neun Giraffen! Jedes Wesen hat eine symbolische Bedeutung hinsichtlich des Sieges des Guten über das Böse in der Welt. Aber warum Giraffen? Sie sind laut Greg Wyatt, dem Bildhauer, sehr friedliebende Tiere.

Suche: UNISPHERE

WICHTIGE ZAHLEN

Höhe: 43 m, Durchmesser: 37 m, Gewicht inkl. Sockel 408 233 kg.

DESIGN

Die Kugel besteht aus einem offenen Gitterwerk mit gewölbten Edelstahlplatten, die die Kontinente darstellen sollen. Viele Hauptstädte sind durch Lichter gekennzeichnet.

AMSTERDAM AVE.

FLUSHING MEADOWS

STAHL IM WELTRAUM

UNISPHERE, FLUSHING MEADOWS-CORONA PARK

Die *Unisphere*, der größte Globus der Welt, war auch schon Hauptdarstellerin in vielen Filmen, Videos und Computerspielen. Die Erdkugel aus rostfreiem Stahl wurde in den 1960er-Jahren gebaut und soll die Errungenschaften der Menschheit im Weltraumzeitalter darstellen. Die Installationen rund herum sollen den Eindruck erwecken, dass die Kugel im Weltraum schwebt.

SHOPPEN BIS ZUM UMFALLEN

Shoppen gehört zu New York wie Fritten zum Burger. In diesem Paradies für Shopping-Süchtige findest du einfach alles. Und da eine New-York-Reise ohne einen Besuch bei Macy's unvollständig ist, solltest du dich gleich auf den Weg dorthin machen!

SHOPPEN WIE EINST

MACY'S, HERALD SQUARE

Macy's wurde 1843 gegründet. Der Vorzeigeladen öffnete 1902 am Herald Square seine Pforten. Damals war das so weit von allen anderen Geschäften entfernt, dass man die Kunden in einem Wagen hierher chauffierte. Heutzutage nimmt Macy's einen ganzen Block in einer der belebtesten Shopping-Gegenden der Stadt ein. Macy's gehörte zu den ersten Orten in den USA, in denen es eine Rolltreppe gab. Einige dieser alten Holzrolltreppen sind auch heute noch in Betrieb.

HERALD SQUARE

STERN-TATTOO

Macy's Stern-Logo soll auf einem Tattoo des Gründers Rowland Macy basieren. Er hatte es sich als Teenager stechen lassen, als er Matrose auf einem Walfangschiff war.

AUF DER *TITANIC*

DIE BRÜDER ISIDOR UND NATHAN STRAUS KAUFTEN 1895 DEN LADEN VON DER MACY-FAMILIE. ISIDOR UND SEINE FRAU WAREN AUF DER *TITANIC*, ALS SIE 1912 SANK. BEIDE ERTRANKEN, NACHDEM SIE IHRE PLÄTZE AUF DEM RETTUNGSBOOT ANDEREN ÜBERLASSEN HATTEN. DIE ANGESTELLTEN VON MACY'S SAMMELTEN GELD FÜR EINE GEDENKTAFEL FÜR DEN BELIEBTEN BOSS UND SEINE FRAU (MACY'S GEDENKEINGANG IN DER 34TH STREET). DARAUF STEHT: „IHR LEBEN WAR WUNDERBAR, IHR TOD GLORREICH".

GRANDIOSE PARADE

Jedes Jahr richtet Macy's eine spektakuläre Thanksgiving Parade aus, die Millionen Fernsehzuschauer mitverfolgen. Santa Claus kommt zur Parade extra nach NY und wird am Ende am Herald Square ganz besonders begrüßt. Die Parade ist berühmt für ihre riesigen Ballons, von denen manche so groß sind, dass 90 Personen sie halten müssen!

3,8 MIO.
ZUSCHAUER AM STRASSENRAND
(BESUCHERZAHL PRO JAHR)

MACY'S IM FILM

Macy's war Hauptdarstellerin in dem 1947 herausgebrachten Film *Das Wunder von Manhattan*, in dem die Macy's Thanksgiving Day Parade des Jahres 1946 zu sehen ist. Die Menschenmenge wusste nicht, dass der Schauspieler Edmund Gwenn in dieser Parade wie auch im Film den Nikolaus spielte. In der 1966 gedrehten Komödie *Big Boy, jetzt wirst du ein Mann!* ist eine Verfolgungsjagd durch das Kaufhaus zu sehen. Die Filmcrew benutzte versteckte Kameras, sodass die echten Reaktionen des Personals und der Kunden auf das Chaos zu sehen sind.

CHELSEA FLEA MARKET

Suche: STRAND BOOK STORE

2,5 MILLIONEN
Bücher gibt's ungefähr in dem Buchladen.

45 000 US$ (44 000 €)
kostet das seltenste und teuerste Buch.

STRAND BOOK STORE

DER TRAUM JEDEN BÜCHERNARRS

STRAND BOOK STORE

Wenn du schon immer mal wissen wolltest, wie 2,5 Millionen Bücher aussehen, dann solltest du dem Strand Book Store einen Besuch abstatten. Hier findest du in ungefähr 29 km langen Regalen auf drei Etagen neue, gebrauchte und seltene Bücher. Stell dir vor, du müsstest die alle in Ordnung halten! Der Laden ist sehr beliebt, und es verwundert nicht, dass er schon in Filmen, Songs und sogar in Büchern eine Rolle spielte!

SCHATZSUCHE

CHELSEA FLEA MARKET

New Yorker Schnäppchenjäger gehen gern auf die Flohmärkte der Stadt, so auch auf den Chelsea Flea Market. Dort können sie die Stände nach alten Sammlerstücken, nach Kleidung, Schmuck und antiken Kuriositäten durchstöbern. Es macht viel Spaß zu feilschen und Leute zu beobachten. Außerdem denkt man ja auch immer, dass irgendwo etwas Seltenes und Wertvolles nur darauf wartet, gefunden zu werden …

LUTSCHER-LAND

ECONOMY CANDY

ALS ECONOMY CANDY 1937 ÖFFNETE, WAR ES AUCH EIN LADEN FÜR SCHUH- UND HUTREPARATUREN.

Economy Candy ist das älteste Süßwarengeschäft in New York City. Es ist bis unter die Decke gefüllt mit Lutschern, Kaugummis, Schokoriegeln und unzähligen anderen klebrigen Leckereien. An Halloween bekommen verkleidete Kinder etwas Süßes geschenkt. Wer aber Lust auf einen Touch Vergangenheit hat, findet hier auch alte Comic-Hefte, Sammelkarten, Kaugummiautomaten und Brettspiele.

ECONOMY CANDY

BROOKLYN SUPERHERO SUPPLY CO.

EIN LADEN FÜR SUPERHELDEN

BROOKLYN SUPERHERO SUPPLY CO.

Wenn Superhelden ihre Röntgenblick-Power ausgeht oder wenn sie ihr Cape im Windtunnel testen müssen, dann gehen sie zu Brooklyn Superhero Supply Co. Hier können sie Superpower wie Magnetismus kaufen oder sich mit Antimaterie, der Grundausstattung eines jeden Superhelden, eindecken. Der Laden hat auch noch ein zweites Gesicht – genau wie Superman und Batman. Eine geheime Tür führt in die Zentrale von 826NYC, die Superhelden-Einrichtung für Märchenerzähler und Lehrer, die in Workshops mit Tausenden von New Yorker Schulkindern zusammenarbeiten und ihnen helfen, besser Schreiben zu lernen.

INDIEN IN NY

JACKSON HEIGHTS

In der 74th Street findest du in der „Little India Road“ ein Stückchen Indien. Aus den Restaurants duftet es nach indischem Essen, überall ist die neueste indische Popmusik zu hören und Geschäfte, die indische Stoffe und Schmuck verkaufen, säumen die Straße. Regenbogenfarbige Stoffballen füllen die Fenster und Regale der Läden. Es heißt, dass man einen Sari auf 50 verschiedene Arten tragen kann. Hier kannst du Experten fragen, wie das geht.

MÄRCHEN-VERKAUF

SOTHEBY'S AUCTION HOUSE

Das Auktionshaus Sotheby's ist vor allem berühmt für seine rekordträchtigen Kunstverkäufe. 2007 wurde ein von J. K. Rowling von Hand geschriebenes und illustriertes Exemplar von *Die Märchen von Beedle dem Barden* für unglaubliche 3 835 980 US$ (3 411 700 €) verkauft! Das Buch wird in der *Harry Potter*-Reihe genannt. Es gibt nur sieben handgemachte Exemplare.

2015 VERKAUFTE SOTHEBY'S NEW YORK DAS GEMÄLDE *DER SCHREI* VON EDVARD MUNCH FÜR 119 922 500 US$. (106 658 000 €).

BRIGANDI COIN COMPANY

HIER GIBT'S RARITÄTEN

BRIGANDI COIN COMPANY

Brigandi ist DER Laden für alle, die auf der Suche nach seltenen Münzen und anderen Gegenständen mit Nostalgiewert sind. Die seltensten hier angebotenen Münzen sind tausende Dollar wert. Also immer erst den Wert einer alten Münze überprüfen, bevor du sie wegschmeißt! Brigandi ist auch auf Sport-Erinnerungsstücke wie von Top-Spielern signierte Gegenstände spezialisiert. Solltest du mal einen Ball, einen Schläger oder eine Eintrittskarte finden, die von Babe Ruth, der Legende der New York Yankees, signiert ist, dann auf zu Brigandi!.

FAIRWAY MARKET, HARLEM

SHOPPEN OHNE BIBBERN

FAIRWAY MARKET, HARLEM

Als Nathan Glickberg 1933 seinen kleinen Obst- und Gemüsestand eröffnete, konnte er nicht ahnen, dass daraus mal eine Lebensmittelkette mit jährlich 14 Mio. Kunden werden würde. Als der Fairway's Flagship-Store in Harlem mit seinem riesigen (929 m²) Kühlraum noch geöffnet hatte, lag ein Stapel dicker Jacken bereit, die sich die Kunden anziehen konnten, wenn sie hineingingen. Die Besitzer spendeten regelmäßig Waren an Obdachlosenunterkünfte und Essenstafeln – doch 2020 mussten sie Insolvenz anmelden.

FILMMAGIE

Für Kinoliebhaber fühlt sich New York manchmal wie eine riesige Kulisse an, und das liegt daran, dass hier unzählige Filme gedreht wurden. Auf geht's zu einigen der bekanntesten Filmlocations. Beleuchtung! Kamera! Und Action!

WHO YOU GONNA CALL?

TRIBECA FIREHOUSE, NORTH MOORE STREET

TRIBECA FIREHOUSE, NORTH MOORE ST.

Ghostbusters – Die Geisterjäger wurde 1984 in ganz New York gedreht und diese Feuerwache war das Hauptquartier der witzigen Geisterjäger. Auf dem Gehsteig vor dem Haus befindet sich jetzt eine Plakette zu Ehren des Films. In dem Gebäude ist eine echte Feuerwache, kein Geisterquartier. Die Aufnahmen im Ghostbuster-Hauptquartier wurden in Los Angeles gedreht.

DAS GROSSE AFFENHAUS

EMPIRE STATE BUILDING

Seit King Kong 1933 auf das Empire State Building kletterte, zählt es zu den berühmtesten Filmkulissen aller Zeiten. In Wirklichkeit wurde die Szene aber im Studio in Hollywood gedreht. Der Film war unglaublich innovativ, es wurden alle möglichen Tricks benutzt, um Effekte zu erzeugen. Der auf das Gebäude kletternde King Kong etwa war ein Mini-Modell mit Kaninchenfell!

ZUM 50. GEBURTSTAG VON KING KONG WURDE EIN GIGANTISCHER AUFBLASBARER GORILLA OBEN AUF DEM EMPIRE STATE BUILDING BEFESTIGT. DURCH EINEN RISS AN DER SCHULTER GING DIE LUFT LEIDER RAUS. UPS!

AMERICAN MUSEUM OF NATURAL HISTORY

CENTRAL PARK

DER PARK IST DER STAR

CENTRAL PARK

Romeo und Julia, einer der ersten in den USA produzierten Filme, wurde 1908, also vor über 100 Jahren, im Central Park gedreht. Danach war er Kulisse für Hunderte Filme, u. a. *Spider-Man*, *Men in Black*, *Godzilla*, *Die Schlümpfe* und *Stuart Little*. Die (computeranimierten) Tiere im Trickfilm *Madagascar* aus dem Jahr 2005 lebten hier im Central Park Zoo, bevor sie entflohen.

NÄCHTLICHES SPEKTAKEL

AMERICAN MUSEUM OF NATURAL HISTORY

Das American Museum of Natural History war die Hauptlocation des Films *Nachts im Museum*, der 2006 in die Kinos kam. Der Film wurde nicht wirklich im Museum gedreht, aber die Bühnenbildner studierten das Gebäude bis ins letzte Detail, um es im Studio nachzubauen. Einige der Filmfiguren sind frei erfunden, aber die ausgestopften Tiere und der Steinkopf von der Osterinsel leben wirklich in dem Museum.

COLUMBIA UNIVERSITY

DAS GEBRÜLL DES LÖWEN

COLUMBIA UNIVERSITY

Jeder Film von MGM beginnt mit einem brüllenden Löwen – dem Firmenmaskottchen Leo der Löwe. Er soll seinen Namen den „Lions" verdanken, dem Sportteam der Columbia University. Der Werbefachmann, der die Idee für dieses Logo hatte, nutzte wohl die Zugkraft des Mannschaftsnamens für seine Zwecke. Die *Ghostbusters*-Figuren haben ihren Ursprung übrigens auch in der Columbia University. Die verrückte Geisterjäger-Idee wurde draußen auf den Treppenstufen vor der Low Library geboren.

QUEENSBORO BRIDGE

SPIDER-MANS STADT

QUEENSBORO BRIDGE UND ROOSEVELT ISLAND TRAM

Marvel-Superheld Spider-Man ist ein Junge aus New York. Peter Parker, sein zweites Ich, ist in Queens geboren und lebt zusammen mit Tante und Onkel in Forest Hills. In dem 2002 in die Kinos gekommenen Film *Spider-Man* gibt es eine spannende Szene, in der der Grüne Kobold, Spider-Mans Feind, eine Geisel in der Roosevelt Island Tram in der Nähe der Queensboro Bridge gefangen hält.

Suche: ROOSEVELT ISLAND TRAM

LUFTSEILBAHN AUF ZEIT

Die 1976 errichtete Seilbahn sollte nur vorübergehend – bis zur Fertigstellung der U-Bahn-Station – Menschen von Manhattan zum Roosevelt Island und zurück bringen. Als der U-Bahnhof schließlich eröffnet wurde, war die Seilbahn dermaßen beliebt, dass man ihren Betrieb nicht mehr einstellen konnte.

HEIMAT DER MUPPETS

MUSEUM OF THE MOVING IMAGE

In diesem Museum dreht sich alles um Film. Die Besucher können einen Blick hinter die Kulissen werfen, sich Kostüme anschauen und sogar selbst ein paar Spezialeffekte ausprobieren. Hier sind auch die grandiosen Puppenstars der Muppets zu Hause. Die Originalpuppen Kermit, Miss Piggy, Elmo und alle ihre Freunde leben hier!

PARK DER FLIEGENDEN UNTERTASSEN

NEW YORK PAVILION, FLUSHING MEADOWS-CORONA PARK

Dieser mysteriös wirkende Ort birgt ein außerirdisches Geheimnis. In den 1960er-Jahren kamen Besucher der drei Türme mit den Aussichtsplattformen in den Genuss eines „Astro-View" auf den Park. 1997 landeten Will Smith und Tommy Lee Jones im Film *Men in Black* hier. Sie fanden heraus, dass die Plattformen außerirdische Raumschiffe sind, die im Begriff sind, zu starten. Es wurde übrigens entschieden, die Türme zu sanieren und nicht abzureißen – die Außerirdischen können sich also über ganz neue Raumschiffe freuen …

REGISTER

REGISTER